VI HORAE

靡不有初

柏拉图世界的开端

张源　著

华东师范大学出版社

·上海·

华东师范大学出版社六点分社　策划

关注中国问题
重铸中国故事

缘　　起

在思想史上，"犹太人"一直作为一个"问题"横贯在我们的面前，成为人们众多问题的思考线索。在当下三千年未有之大变局中，最突显的是"中国人"也已成为一个"问题"，摆在世界面前，成为众说纷纭的对象。随着中国的崛起强盛，这个问题将日趋突出、尖锐。无论你是什么立场，这是未来几代人必须承受且重负的。究其因，简言之：中国人站起来了！

百年来，中国人"落后挨打"的切肤经验，使我们许多人确信一个"普世神话"：中国"东亚病夫"的身子骨只能从西方的"药铺"抓药，方可自信长大成人。于是，我们在技术进步中选择了"被奴役"，我们在绝对的娱乐化中接受"民主"，我们在大众的唾沫中享受"自由"。今日乃是技术图景之世界,我们所拥有的东西比任何一个时代要多,但我们丢失的东西也不会比任何一个时代少。我们站起来的身子结实了,但我们的头颅依旧无法昂起。

中国有个神话,叫《西游记》。说的是师徒四人,历尽劫波,赴西天"取经"之事。这个神话的"微言大义":取经不易,一路上,妖魔鬼怪,层出不穷;取真经更难,征途中,真真假假,迷惑不绝。当下之中国实乃在"取经"之途,正所谓"敢问路在何方"?

取"经"自然为了念"经",念经当然为了修成"正果"。问题是:我们渴望修成的"正果"是什么?我们需要什么"经"?从哪里"取经"?取什么"经"?念什么"经"?这自然攸关我们这个国家崛起之旅、我们这个民族复兴之路。

清理、辨析我们的思想食谱,在纷繁的思想光谱中,寻找中国人的"底色",重铸中国的"故事",关注中国的"问题",这是我们所期待的,也是"六点评论"旨趣所在。

点 点

2011.8.10

献给神圣的柏拉图

如若有人能够辨明事物的一与多,我将

"追随他,如同追随神的脚步"。*

————柏拉图《斐德若》266b

*扉页题句系苏格拉底对青年斐德若所说的话,这句话的后半句"追随他,如同追随神的脚步"(κατόπισθε μετ' ἴχνιον ὥστε θεοῖο)化用了荷马《奥德赛》中的诗句"紧随神的脚步"(ὁ δ' ἔπειτα μετ' ἴχνια βαῖνε θεοῖο),意味无穷。

"紧随神的脚步"这同一句诗在《奥德赛》中重复出现了三次:第一次是奥德修斯的儿子特勒马科斯外出寻父,雅典娜女神为他引路,特勒马科斯"紧随神的脚步"(II.406);第二次奥德修斯本尊流落海外仙山,女神卡吕普索放他返乡,奥德修斯"紧随神的脚步"(V.193);第三次奥德修斯来到返乡前最后一站——国王阿尔基努斯的岛邦,雅典娜女神为他引路,奥德修斯"紧随神的脚步"(VII.38)。奥德修斯父子两代人深受神明眷顾,在命运节点得到了女神亲身指引;不过,神明接引世人自有法度,这三次情况有所不同:面对奥德修斯一人,女神卡吕普索现以真身,而面对城邦众人,那位以智慧著称的女神两次出现,两次都是以化身示现于人的。

爱利亚学派大哲巴门尼德唯一存世的著作《论自然》系以诗体写就,具体说来,是遵循古希腊史诗传统、以荷马式古风英雄格(六音步扬抑格,the archaic hexameter)写作的诗歌,在主题与风格等方面堪称《奥德赛》的后世回声。在这部作品中,女神亲身接引青春时代的巴门尼德,向他指示了"真理"(ἀληθής)之路以及与之相对的另一条道路——"有死者的意见"(βροτῶν δόξας)之路(巴门尼德《论自然》残篇1,6,8)。据海德格尔的洞见,巴门尼德的女神即是"真理"女神,而真理的反面是"遮蔽",此为τό ψεῦδος一词（通常译为"虚假"）的真正意涵，海德格尔将之译为"伪装着的遮蔽"（海德格尔，《巴门尼德》，6，30－41），其意颇类神明的化身。也就是说，问题或许不在于"真"或"假"，而在于"蔽"或"无蔽"，或者说，在"伪装着的遮蔽"之下，正是真理本身。

在柏拉图笔下，巴门尼德曾在垂暮之年到访雅典，向青春时代的苏格拉底示范哲学辩证法之妙（《巴门尼德》）。巴门尼德自命得到了女神的亲身引领，信仰一元哲学的爱利亚大哲即是向苏格拉底传达神意的使者，苏格拉底此后成为传达神意链条上的关键一环。又据柏拉图，阿布德拉大智者普罗泰戈拉也曾在暮年到访雅典，与盛年时期的苏格拉底巅峰舌战（《普罗泰戈拉》）。不信神的哲人普罗泰戈拉（被柏拉图描摹为"真哲人"的反面形象——智者）奉行与雅典民主制帝国意识形态并行的多元哲学，信神的哲人苏格拉底则同情与王制并行的一元哲学，雅典帝国内部的政治哲学之争从此拉开大幕。

苏格拉底毕生都在努力弥合一元与多元哲学的裂隙，此实为一个／一切民主制帝国确立统治原则的内在要求。直至民主的雅典人判处苏格拉底死刑，哲人的全部努力以失败告终。最终解决这"一"与"多"之难题的，是爱利亚学派后人（实际上是柏拉图自己）：神秘的爱利亚来客超越了"我们的父亲"巴门尼德，证明了"非存在者存在"（τό μὴ ὂν εἶναι）、与"真"对立的"幻"（τό ψεῦδος）亦存在（《智者》237a以下）——

早从此刻开始,后世智者海德格尔关心的 $τό$ $ψεῦδος$(存在之"伪装着的遮蔽"状态)已进入了"无蔽"之境。

柏拉图将真理"去蔽"的高光时刻戏剧性地安插在了"苏格拉底的审判"期间:刚从执政官王廷应诉回来的苏格拉底,全神聆听爱利亚来客的谈话,为之欢喜赞叹,浑若不觉死之将至(《智者》《政治家》)。在此之前,苏格拉底曾引人注目地吟咏荷马《奥德赛》中的诗句预告神的到来:由于世人的盲目,真的哲人"幻化出各种形象到访城邦"(《奥德赛》XVII. 485 – 487),来者也许不是一位异乡客人,而是某位神明?(《智者》216abc)这番提示遥遥指向了他在十七年前对斐德若发出的喟叹,这也是所有以苏格拉底为主人公的柏拉图对话的中心命意——"如若有人能够辨明事物的一与多,我将'追随他,如同追随神的脚步'"。

柏拉图世界的开端

蒙——讲给普通人的故事

凡　　例

一、本书所引柏拉图对话原文版本见英国伯奈特（John Burnet）校勘本《柏拉图著作集》（Scriptorum Classicorum Bibliotheca Oxoniensis, *Platonis Opera*），随文标以斯特方码，如非特殊情况，不再一一说明。

二、《巴门尼德》与《普罗泰戈拉》文前分别覆以导语与时间地点人物列表，文中用【】标出场景时间与地点，以上内容及文中引述诗歌与讲辞文本，均使用仿宋体。

三、《巴门尼德》与《普罗泰戈拉》对话部分采用直接引述或分段概述，使用宋体字；注解部分包括注释与评点，注释置于对话内容下方，评点紧跟对话文段，使用楷体。

四、注释依照陈康先生《巴曼尼德斯篇》译注本成例，每条标出数字，以便读者参考，如［注1］即指注释第一条；《巴门尼德》与《普罗泰戈拉》两篇分别编号。评点则不编号。

五、引用原典凡为柏拉图著述，列出篇目与斯特方码，如（《智者》216abc），其他典籍列出作者、篇目及章节，如（色诺芬《希腊史》2.3.2）；相关研究著述列出作者、作品名称╱简称与页码，如（William Smith, *Dictionary of Geography*, 631 - 632），书籍信息可在本书"引用文献"部分查询。

六、本书所引专名，皆从已有定译，概不另造新词。

前言　柏拉图对话四十二章经

本书讨论的主要内容是柏拉图对话《巴门尼德》与《普罗泰戈拉》，同时也不仅限于这两部对话。柏拉图任何一篇单独的对话，都要放到全部对话中来看，方可见出其在整体中的相对位置与独有意义，这是笔者处理当前题目的宗旨，也是讨论后续篇目一以贯之的命意。

柏拉图对话共有四十二部，包括三十五部"真经"，七部伪经。三十五部"真经"中，又有二十六部最真(真实性基本获得公认)，九部次真(真实性受到不同程度的质疑)。经典的柏拉图对话三期分法，所指向的主要便是这二十六部真"真经"，我们称之为《柏拉图内篇》：

一、早期对话十篇①：《申辩》《克力同》《拉刻斯》《吕西斯》《卡尔米德》《游叙弗伦》《小希庇阿斯》《普罗泰戈拉》《高尔吉亚》《伊翁》。这些对话属于所谓的"苏格拉底的对话"，对话内容基本上被视为苏格拉底本人的思想。

二、中期对话八篇：《欧绪德谟》《美涅克塞努》《克拉底鲁》《美诺》《斐多》《会饮》《理想国》《斐德若》。据说柏拉图在这一时期摆脱了苏格拉底的影响，建立了自己的哲学体系，所谓中期对话通常被视为柏拉图自己的思想。

三、后期对话八篇：《巴门尼德》《泰阿泰德》《智者》《政治家》《斐勒布》《蒂迈欧》《克里提阿》《法篇》。据说柏拉图在这一时期思想发生了显著的变化，所谓后期对话往往被视为中期对话的修正与发展。

柏拉图对话除二十六部真"真经"之外，还有九部次"真经"。这九部对话外加一部（真实性同样受到质疑的）《书信

---

① 在我国经典哲学史论中，柏拉图早期对话还包括《大希庇阿斯》，见《希腊哲学史》（卷二），汪子嵩等著，北京：人民出版社，1993 年，第 641 页。但在美国汉密尔顿版《柏拉图对话全集》(The Collected Dialogues of Plato , eds. by Edith Hamilton and Huntington Cairns , Princeton , New Jersey : Princeton University Press , 1961) 以及英国乔伊特版《柏拉图对话集》(The Dialogues of Plato , trans. by Benjamin Jowett , London : Oxford University Press , 1871) 等西方经典集纂中，《大希庇阿斯》篇或被收入附录，或干脆略去，不享受"真经"待遇。

集》，我们统称之为《柏拉图外篇》：

　　《阿尔喀比亚德前篇》《阿尔喀比亚德后篇》《希帕库斯》《米诺斯》《情敌》《忒阿格斯》《克里托丰》《厄庇诺米斯》《大希庇阿斯》等九篇对话，以及《书信集》。

　　古代学者色拉绪洛斯（约前 1 世纪后半叶—公元 36 年）将柏拉图三十五部对话外加《书信集》共三十六部作品（此即《柏拉图内外篇》的内容）按照古希腊悲剧的演出结构编为九个四部剧（tetralogies），这一模式为后世编纂者所效法并传承至今：

第一四部剧	1《游叙弗伦》或《论神圣》	2《苏格拉底的申辩》	3《克力同》或《论义务》	4《斐多》或《论灵魂》
第二四部剧	1《克拉底鲁》或《正名》	2《泰阿泰德》或《论知识》	3《智者》或《论存在》	4《政治家》或《论王制》
第三四部剧	1《巴门尼德》或《论相》	2《斐勒布》或《论快乐》	3《会饮》或《论善》	4《斐德若》或《论爱》
第四四部剧	1《阿尔喀比亚德前篇》或《论人性》	2《阿尔喀比亚德后篇》或《论祈祷》	3《希帕库斯》或《爱利者》	4《情敌》或《论哲学》
第五四部剧	1《忒阿格斯》或《论哲学》	2《卡尔米德》或《论节制》	3《拉刻斯》或《论勇敢》	4《吕西斯》或《论友谊》
第六四部剧	1《欧绪德谟》或《辩论术》	2《普罗泰戈拉》或《智者》	3《高尔吉亚》或《论修辞》	4《美诺》或《论德性》

（续表）

第七四部剧	1《大希庇阿斯》或《论美》	2《小希庇阿斯》或《论谬误》	3《伊翁》或《论〈伊利亚特〉》	4《美涅克塞努》或《葬礼演说》
第八四部剧	1《克里托丰》或《导论》	2《理想国》或《论正义》	3《蒂迈欧》或《论自然》	4《克里提阿》或《亚特兰蒂斯》
第九四部剧	1《米诺斯》或《论法律》	2《法篇》或《论立法》	3《厄庇诺米斯》或《夜间议事会》、《爱智者》	4《书信集》或《福祉》

（第欧根尼·拉尔修《名哲言行录》3.57－61）

柏拉图对话除上述三十五部"真经"之外，还有七部伪经（基本确认为柏拉图学园中人或后人的托名作品）。这七部伪经外加（同样被视为学园作品或伪作的）《定义集》与《隽语集》，我们统称之为《柏拉图杂篇》：

《论正义》《论美德》《德谟多科斯》《西绪福斯》《哈尔克庸》《厄里克希阿斯》《阿克希奥库斯》等七篇对话，以及《定义集》与《隽语集》。

综上所述，柏拉图存世经典共有四十五部，包括四十二部对话与三部非对话，即《内篇》二十六部对话、《外篇》九部对话及《书信集》、《杂篇》七部对话及《定义集》和《隽语集》。由此柏拉图经典主要有以下三种编纂方式：

一、以《内篇》为本：如美国汉密尔顿与凯恩斯主编的

《柏拉图对话全集》(普林斯顿大学出版社,1961年),名为
《全集》,实为《柏拉图内篇辑译》外加三个附录(分别为《厄
庇诺米斯》《大希庇阿斯》与《书信集》等三个外篇)。值得我
们注意的是,中国第一个《柏拉图全集》(王晓朝译,人民出
版社,2002—2003年)即是以汉密尔顿版《全集》为底本的。

二、以《内外篇》为本:如英国第一个《柏拉图全集》(泰
勒编译的《柏拉图著作集》,伦敦,1804年)收录了柏拉图三
十五部对话外加《书信集》(独未收入《第十三封信》)共三十
六部作品,此后著名的英国洛布希英对照版《柏拉图集》(剑
桥,1914—1935年)一仍此规矩,收录了上述三十六部作品
并补上了泰勒认定为伪作的《第十三封信》,以上为《柏拉图
内外篇辑译》之范本。

三、以《内外杂篇》为本:如意大利斐奇诺编纂的第一
个拉丁文版《柏拉图全集》(佛罗伦萨,1484年)、意大利马努
修斯编纂的第一个希腊文版《柏拉图全集》(威尼斯,1513
年)、法国斯特方编纂的希腊文-拉丁文版《柏拉图全集》(巴
黎,1578年)、英国卡里等编译的英文版《柏拉图著作集》(伦
敦,1848—1854年)、英国伯奈特编纂的希腊文版《柏拉图著
作集》(牛津,1899—1906年),以及当今权威的美国库珀英
文版《柏拉图全集》(印第安纳波利斯,1997年)等均在此列。

在此序列当中,意大利马努修斯希腊文版《柏拉图全
集》、英国伯奈特希腊文版《柏拉图著作集》(这是目前最有
影响的希腊文版《柏拉图全集》),以及美国库珀英文版《柏

拉图全集》对于《柏拉图内外篇》部分的编排都采用了古代学者色拉绪洛斯最初制定的模式。① 上述三种编纂方式，第三种（特别是采用色拉绪洛斯模式的版本）最可展现柏拉图作品与思想之全（全貌、整全），这也是笔者讨论柏拉图对话的根本义旨。

柏拉图对话包括《内外杂篇》共四十二章经，其中有真有伪、真伪莫辨。如《杂篇》中的七部对话，大多缺乏《内外篇》特有的哲思与文采交融的质感，但《阿克希奥库斯》与《厄里克希阿斯》两篇乃是例外，就文学质量本身而言，几可乱真。而《外篇》中的《情敌》《希帕库斯》与《克里托丰》等几部传统上地位更为稳固的对话，相形之下却远为逊色，几可乱假。

至少在历代编纂者看来，柏拉图《内篇》未必全真，如著名的乔伊特版《柏拉图对话集》（牛津，1871 年）便将《小希庇阿斯》与《美涅克塞努》一齐逐出了"真经"序列；《外篇》不必全真，如权威的库珀版《柏拉图全集》基本认定《外篇》九部柏拉图对话全系伪作，至于《书信集》只能存疑；《杂篇》则又

---

① 亚历山大里亚学者色拉绪洛斯（约前 1 世纪后半叶—公元 36 年）是西方古典时期有记载的第一个试图展示柏拉图对话整全图景的人，将近 1500 年后，意大利学者-出版家马努修斯（1449/1452 年—1515 年）成了西方文艺复兴时期第一个试图复兴这一整全图景的人。1513 年，当马努修斯重启古代模式出版《柏拉图全集》，这一年恰好也是马基雅维利完成《君主论》的年份——发生在同一年的两个里程碑式的文化事件，正可反映意大利文艺复兴乃至整个西方文艺复兴运动的双重面目。

未必全伪,如斐奇诺编纂的第一个拉丁译文版《柏拉图全集》引人注目地将《杂篇》中的《阿克希奥库斯》列为真作,此外库珀版《柏拉图全集》明确判定《隽语集》中至少有四则短诗出自柏拉图本人之手等等,不一而足。

而伪经之为经,固非人皆可以做得。唯有对大宗师的整体思想领悟最为深入、把握最为真切者,其托名之作才能经受世人的评判与时间的淘洗存留下来。这些作品作为柏拉图思想版图的外延,事实上已经进入并共同塑造了柏拉图经典的阐释传统,与所谓"真经"再也难以分割开来。西方上个世纪曾流行用计算机分析技术来评判柏拉图作品的真伪,经过连篇累牍的数据罗列与纷繁复杂的公式计算,结果一向不被看好的《厄庇诺米斯》等篇被判定为真品,而《理想国》经鉴定却系伪作!面对如此令人错愕的结论,诸君付之一笑可也。真伪难辨,治丝益棼;莫若悬搁,面向事情本身。

附:还有一篇柏拉图对话?——关于《洛克里的蒂迈欧》(*The Timaeus Locrus*)的有趣信息

《洛克里的蒂迈欧》(简称 *TL*)是柏拉图对话《蒂迈欧》的多利安方言(Doric dialect)精简改写版,其中使用了大量"非柏拉图式的"词汇,俗称"多利安版《蒂迈欧》"。

意大利马努修斯编纂的第一个希腊文版《柏拉图全集》(威尼斯,1513 年),首次以古代的九个"四部剧"编排方式收入了《内外篇》三十六部作品,此外还有八个附录,包括(除

《哈尔克庸》《隽语集》之外的）七部《杂篇》，外加一部《洛克里的蒂迈欧》。这是"多利安版《蒂迈欧》"在《柏拉图全集》中的首次亮相，马努修斯显然是把它算在《杂篇》里的。

[意大利斐奇诺编纂的第一个拉丁译文版《柏拉图全集》（佛罗伦萨，1484 年）在列出《内外篇》三十六部作品之后，引人注目地将《杂篇》中的《阿克希奥库斯》列为柏拉图"第三十七部"作品，并收录了除《哈尔克庸》《隽语集》之外的其余六部《杂篇》，最后也附了一部《蒂迈欧》，不过这不是《洛克里的蒂迈欧》，而是西塞罗翻译的柏拉图《蒂迈欧》部分段落（27d—47b）。]

此后法国斯特方编纂的希腊文-拉丁译文版《柏拉图全集》（巴黎，1578 年）收录了与马努修斯版相同的内容（但并未遵循九个"四部剧"模式）。有趣的是，斯特方将马努修斯版当中的《克里托丰》与《洛克里的蒂迈欧》互换了位置：《克里托丰》被归入"伪经"，而《洛克里的蒂迈欧》竟尔进入了"真经"序列。

此后英国的卡里等编译的英文版《柏拉图著作集》（伦敦，1848—1854 年）也收录了与马努修斯版相同的内容（亦未遵循九个"四部剧"模式），但这一回《洛克里的蒂迈欧》被归入了"疑经"（The Doubtful Works）系列。

目前最有影响的希腊文版《柏拉图全集》当数英国伯奈特编纂的《柏拉图著作集》（牛津，1899—1906 年），伯奈特重新启用了色拉绪洛斯的九个"四部剧"模式，收入了《内外篇》三十六部作品与除《哈尔克庸》《隽语集》之外的七部《杂篇》,并终于剔除了不伦不类的"多利安版《蒂迈欧》"。

当今权威的美国库珀版英译《柏拉图全集》(印第安纳波利斯,1997 年)沿用了九个"四部剧"模式,收入了《内外篇》三十六部作品以及全部九个《杂篇》——《哈尔克庸》与《隽语集》第一次进入了《柏拉图全集》,但同时亦未收录《洛克里的蒂迈欧》,自此"多利安版《蒂迈欧》"与柏拉图本经再无瓜葛。

引言　柏拉图的世界

柏拉图的对话里，有一座漫漫迷城。这座城是用逻各斯（*logos*）建造的雅典：城中有神庙、女王殿、宙斯廊柱，有家宅、学校、体育馆和广场，还有王廷、法庭与监狱，厄里达诺斯河与伊利苏斯河夹城而过，大路直通军事重镇佩里乌斯港。

正是在去神庙的路上，苏格拉底截住了雅典为之举国若狂的阿尔喀比亚德，向他面授机宜，教他今后如何做统治者（《阿尔喀比亚德后篇》）。

女王殿的正对面，城中显贵陶瑞阿斯开办了一所摔跤学校，苏格拉底当年从波提岱亚战场九死一生归来，返乡第一站就是这个地方（《卡尔米德》）。

在宙斯廊柱下，将军德谟多科斯曾吁请苏格拉底教育他那雄心勃勃却体弱多病的爱子忒阿格斯（《忒阿格斯》）；也是在宙斯廊柱下，苏格拉底偶遇未来的三十僭主领袖克里提阿,并对他施以了智识上的格斗擒拿(《厄里克希阿斯》)。

宙斯廊柱就在雅典广场西北,而女王殿是雅典的哪一座圣殿,阿尔喀比亚德敬拜的又是哪一座神庙?

城中的豪门府邸,是当地时贤云集之处,也是外邦名流客居之所。首富卡里阿斯的豪宅是风靡当时的智者盘踞的地方,苏格拉底与阿布德拉大智者普罗泰戈拉那场名传千古的对话就发生在这里(《普罗泰戈拉》)。

十七年后,不少亲历过那场传奇对谈的雅典人,再次聚集在了悲剧家阿伽通家中:若论时彦云集、人物风流,能与当年普罗泰戈拉那场对话相提并论的,大概唯有阿伽通家中的这场会饮了(《会饮》)。

城中显贵克里提阿(三十僭主领袖克里提阿的祖父)府上也来过两位不同寻常的客人,这两位客人实际上来自敌邦:一位是洛克里的蒂迈欧,另一位则是叙拉古的赫谟克拉底(《蒂迈欧》-《克里提阿》)。蒂迈欧展示了恢弘的言辞,至于赫谟克拉底是何表现,我们未得与闻。

爱利亚大哲巴门尼德和他的学生芝诺到访雅典之时,住在位于城外凯拉米库区的将军皮索多鲁家中;六十七年之后,小亚细亚的克拉佐门尼人专程来雅典寻访当年那场对谈的知情者,最终在城内梅力特区安提丰家中打听到了整场对话的内容(《巴门尼德》)。

著名演说家吕西阿斯返回母邦之时,曾在民主派政客厄庇克拉底家中盘桓,那座豪华宅院据说就在奥林匹亚宙斯神庙附近(《斐德若》)。

列奥提尼大修辞家高尔吉亚奉命出使雅典,住在寡头派政客卡利克勒家中(《高尔吉亚》);二十七年后,高尔吉亚的学生、帖撒利的美诺到访雅典,招待他的是民主派政客安虞图斯(《美诺》)。不可小觑雅典的这些政客:卡利克勒让苏格拉底丢掉了风度,而安虞图斯让苏格拉底丢掉了性命。

这些人物的对谈犹在耳畔:只是不知对话发生的宅邸与家居,究竟在城中何处?

学校、体育馆和广场是苏格拉底日常流连之地。厄里斯大智者希庇阿斯出使雅典,应邀在斐多特拉图文法学校讲学论道,在这个教授诗歌的所在,苏格拉底向这位大智者讲论了何为真正的"诗教"(《小希庇阿斯》)。

而在狄奥尼索斯文法学校(这里是柏拉图开蒙的地方),面对热烈追求哲学的青年,苏格拉底巧妙批驳了伪哲学的意见,捍卫了真正的哲学,表明了谁才是哲学真正的有情人(《情敌》)。

雅典的体育馆是苏格拉底和泰阿泰德相遇的地方:年已七旬的苏格拉底第一次遇见酷肖自己的青年泰阿泰德,仿如当年大哲巴门尼德遇见了年轻时的自己(《泰阿泰德》)。

第二天苏格拉底再次回到体育馆,对谈者中多了一位神秘的爱利亚来客。这位巴门尼德学派后人的高妙言辞,令苏格拉底凝神倾听，欢喜赞叹（《智者》·《政治家》）。

不知斐多特拉图与狄奥尼索斯文法学校在城中何处？苏格拉底与泰阿泰德相遇在哪一座体育馆？苏格拉底在生命的最后时分，再次得到了爱利亚哲人的教益：只见他满心欢喜，浑若不觉等待自己的除了雅典的执政官王廷，还有法庭与监狱。

雅典城中央是著名的广场，王廷、法庭与监狱都在这里。当年远在小亚细亚的克拉佐门尼人到访雅典，首先直奔广场打听巴门尼德那场对话，此后在广场西边梅力特区安提丰家中得偿所愿；苏格拉底一向爱在广场流连，还因此错过了列奥提尼大修辞家高尔吉亚在雅典的演讲（《高尔吉亚》）。

苏格拉底向朋友转述自己与普罗泰戈拉的对话，分明是在一处公共场所；以弗所的伊翁到访雅典，苏格拉底是在哪里代表大家向他表示欢迎（《伊翁》）？厄里斯的希庇阿斯奉命来使，苏格拉底巧遇这位故人的地方又在何处（《大希庇阿斯》）？

苏格拉底几乎半生都在雅典的广场度过，最后也是在这里，哲人应对质询于王廷（《游叙弗伦》），接受审讯于法庭（《申辩》），与老友相会（《克力同》）、与亲爱诀别（《斐多》）于监狱，直至生命完结。

柏拉图告诉我们，某天就在广场旁边，苏格拉底遇到了刚刚参加完议事会的世家子弟美涅克塞努，听说议事会决定明天为公葬典礼选出一位致辞者,当即口占颂辞一篇传授给了这位青年(《美涅克塞努》)。故事讲得活灵活现,只不过故事发生之时(公元前 387 年),苏格拉底已经去世十二年。在柏拉图笔下,老师的英灵仍在他心爱的广场上游荡。

围墙之外,放眼城郊,西北是著名的阿卡德米(当时的公园-体育场,后来的柏拉图学园所在地),阿卡德米以南、厄里达诺斯河对岸就是凯拉米库(雅典的陶器市场),此即爱利亚大哲巴门尼德和他的学生芝诺到访雅典时的客居之地。

回望东郊,那里有同样著名的吕克昂(当时的阿波罗圣地-体育馆,后来的亚里士多德学园所在地),厄里达诺斯河与伊利苏斯河灌溉了这里的绿地。

从阿卡德米到吕克昂的路上,在厄里达诺斯河畔的潘诺普泉边,苏格拉底在一群年轻人簇拥之下来到了附近新建成的摔跤学校,哲人在这里见到了可爱的少年吕西斯(《吕西斯》)。

苏格拉底继续去往东郊的吕克昂,在这里教训了来自殖民地图里的欧绪德谟兄弟,为城邦做了正确的言行示范,守护了少年克里尼阿斯的心灵(《欧绪德谟》)。

吕克昂东边、伊利苏斯河畔有一片茂密的树林。炎炎暑日,在高大的悬铃树下,苏格拉底曾与青年斐德若在此足濯清泉,耳听鸣蝉,吟诗终日,乐不思归(《斐德若》)。

吕克昂以南、伊利苏斯南岸是有名的快犬体育馆

(Κυνόσαργες：犬儒学派据说因其创始人安提斯梯尼曾在这里讲学而得名)。从吕克昂去快犬体育馆的路上,少年克里尼阿斯在河边找到了苏格拉底,请他到家中劝慰自己病重的父亲阿克希奥库斯(《阿克希奥库斯》)。

苏格拉底离开阿克希奥库斯的病榻之后,仍旧直奔快犬体育馆而去。苏格拉底要去赴谁的约会？是他的学生安提斯梯尼,还是他的老友特奥多罗和青年泰阿泰德？

城外西南方向,大路直通扼守雅典城畿的佩里乌斯港：在叙拉古侨民富豪波勒马库斯家中,哲人苏格拉底用逻各斯建立了他的理想城邦(《理想国》)。柏拉图的雅典,是用逻各斯建立的城邦；在这个逻各斯建成的城邦之中,(柏拉图的)苏格拉底又用逻各斯建立了一座理想之城。这逻各斯中的逻各斯、城中之城,即是柏拉图缔造的真如世界的坛城——"天上的模型"。

雅典不仅是一座城、一个城邦；它还如君临天下,统治着一个帝国。在柏拉图笔下,(位于意大利半岛的)新殖民地图里以这里为母邦,(位于色雷斯沿海地区的)阿布德拉、(位于阿提卡半岛东南海域的)凯奥斯、(小亚细亚沿海岛屿)希俄斯、(位于小亚细亚沿海地区的)以弗所与米利都、(黑海要塞)卡尔西顿等盟邦,以及(位于北非的)老殖民地昔兰尼视此地为帝畿。

早在帝国走向全盛之初,意大利哲学城邦爱利亚已开始密切关注这里的进展(《巴门尼德》);而在帝国运数微茫难测的时分,西西里强国叙拉古曾伙同盟邦洛克里到此地打探虚实(《蒂迈欧》-《克里提阿》)。同在西西里的城邦列奥提尼不堪忍受邻邦叙拉古的欺凌,特来此请求干涉本地事务(《高尔吉亚》);叙拉古早期移民则在此发家致富,与雅典人一同欢度外邦庆典(《理想国》)。伯罗奔尼撒战争期间,雅典敌国斯巴达长期控制下的盟邦厄里斯转而来此结交亲善(《大希庇阿斯》),而直至帝国败亡之后,昔日属地色萨利的贵族名流仍来此地客居盘桓(《美诺》)。

雅典不仅是帝国之城,也是君临天下的哲学之城。各哲学学派交汇于这个"智慧之都"(厄里斯大智者希庇阿斯语),这里是当之无愧的"全希腊的学校"(雅典帝国领袖伯里克利语),也是环地中海世界的智识中心。在爱利亚派(《巴门尼德》)与伊奥尼亚派(《斐多》)影响下,雅典本地大哲苏格拉底崛起于帝国黄金时代,此后孜孜不倦与新老智者交锋(《普罗泰戈拉》《大小希庇阿斯》《理想国》《会饮》《欧绪德谟》),与修辞家辩难(《高尔吉亚》《美诺》),与毕达哥拉斯派哲人交流(《蒂迈欧》),与赫拉克利特的拥趸恳谈(《克拉底鲁》),晚年再次受到爱利亚学派的教益(《智者》《政治家》),临终前最后一次与毕达哥拉斯学派传人论道(《斐多》),毕生追求智慧,至死方休。(柏拉图的)苏格拉底所描绘的理想城邦的统治者——哲人王,可以是一位统治城邦的哲人,也可以是一个统治帝国的哲学城邦(如雅典即是一个有智慧的利维坦），而苏格拉底就是这个哲学城邦的人格象征。

对话是哲人苏格拉底的存在方式。柏拉图重点描绘了苏格拉底一生中参与的四次大型对话或曰智识界大聚会：在雅典帝国全盛时期，苏格拉底盛年崛起，击败当世第一大智者普罗泰戈拉，成为智识界的新王者（《普罗泰戈拉》）；在伯罗奔尼撒战争时期，苏格拉底在与外邦新一代智者色拉叙马霍斯的攻防战中，取得了决定性的胜利，从此成为这座哲学之城实际上的灵魂人物（《理想国》）；到了西西里远征前夕（此为雅典帝国由盛而衰的转折点），雅典已从统治帝国的哲人王堕落为残暴僭主，已过知天命之年的苏格拉底回天乏术，帝国精英最后的繁华聚会暗藏悲音（《会饮》）；待到帝国覆灭，此时智识界大聚会的地点不再是雅典的豪门府邸，而是关押苏格拉底的死囚牢，旷世大哲从容仰药，与亲爱的朋友们含笑作别，雅典帝国覆亡之后魂飞魄散的时刻终于来临（《斐多》）。雅典大哲苏格拉底的一生与帝国的命运沉浮密切相连，全部柏拉图对话构成了一部雅典帝国兴亡大剧，也构筑了一座哲人苏格拉底生命的不朽丰碑。

回望哲人的一生，苏格拉底在少年时代横空出世，与爱利亚大哲巴门尼德如命运般相遇（《巴门尼德》）。巴门尼德为苏格拉底播下了哲学的种子，此后爱利亚学派后人面对苏格拉底，将他们共同热爱的"伟大的巴门尼德"尊称为"我们的父亲"（《智者》）。大约二十年之后，步入盛年的苏格拉底第二次现身,这一次是在雅典最盛大的名利场——帝国首富的豪宅之中,大智者普罗泰戈拉向在场者自称论年纪"可以做你们的父亲",而苏格拉底在众目睽睽之下毫不容情,以哲人手段力克智者之王(《普罗泰戈拉》)。这两位"父亲"及其哲学后裔的精神斗争,贯穿柏拉图戏剧对话始终;苏格拉底与他们的相遇,是其哲学生涯的起点,也是柏拉图创造的世界的开端。

苏格拉底在狱中将被处死之时,众朋友与门徒纷纷赶来与之诀别,这位旷代大哲谈笑风生,与在场的哲人们进行了最后一场关于生死与灵魂的哲学对话,在对话结束后与众人含笑作别,从容赴死。对话的转述者斐多这样描述在场者当时的情形:大家全都心神大乱,有人几乎已经不能自已,人们一会儿笑,一会儿哭,悲欣交集;一向耻于描写"有价值的人物"大喜大悲的柏拉图,几乎把这些人所有的笑与泪都交待在了这一刻。尽管苏格拉底反复提醒在场者要用理性节制强烈的快乐与痛苦,尽管以理性自持是哲人本色当行的功夫,这些最具理性的哲人们却终于再也克制不住,失声恸哭,"因为",柏拉图借斐多之口说道,"我们就像失去了父亲,从此余生都将是孤儿了"(《斐多》)。

苏格拉底死后,他的门徒斐多将他的学说带到传统上斯巴达统治的区域费琉斯(《斐多》),此后成为厄里斯学派创始人;故交欧几里得作为墨伽拉学派创始人,将他的思想记录下来并在自己的家乡广为传播(《泰阿泰德》);老友皮索多鲁将他与巴门尼德等人的对话传授给安提丰，当远在小亚细亚的克拉佐门尼人到访雅典，正是柏拉图的弟弟安提丰将守护半生的哲学对话送到爱琴海对岸、送到东方（《巴门尼德》）。帝国已逝，而帝国登峰时代的哲学犹在自西徂东开枝散叶、生生不息。

　　哲学之城雅典从此成为诸神离弃的空寂神殿，不复聚焦于柏拉图的笔端。镜头转而骤然拉远，径直投向六百里外的克里特——柏拉图放弃了雅典，回到了希腊文明之源。从克诺索斯（克里特王宫所在地）去往宙斯洞穴-神庙的路上，柏拉图选择在夏至日（雅典历法新年第一天）回到希腊文明的源头，由三位老人分别代表克里特、斯巴达与雅典为新世界（未来的殖民地）立法（《法篇》），其中雅典来客接续了苏格拉底在《理想国》中未完成的任务——为明日帝国指示未来的"千年之旅"，从此灵魂与世界为寻求新的救赎，重新投入了无尽的时间洪流之中。

柏拉图世界的开端

《巴门尼德》(喜剧模式)

　　柏拉图戏剧对话大多暗藏时间线索，或指向重大历史事件，或与城邦政治活动密切相关，这些重要的时间节点构成了对话内在的戏剧时间，是对话不可或缺的背景要件。就戏剧时序而言，《巴门尼德》(前 454 年发生—前 387 年以后第三次转述) 排在全部柏拉图对话第一位，同时又是最后一位，在时间上囊括了所有对话，构成了所有柏拉图对话的大框架。该篇分为两部分：第二部分是核心对话 (127b－166c)，此为柏拉图全部对话的开端；第一部分是 (对第二部分核心对话的) 三重转述 (126a－127a)，此为柏拉图全部对话的结局。

　　《巴门尼德》的核心对话是柏拉图最精纯的哲学对话：少年苏格拉底在这里第一次亮相，显露了惊人的哲学天才，爱利亚大哲巴门尼德与芝诺对他的亲身示范与教导，深切影响了雅典哲人苏格拉底的一生，也影响了苏格拉底所处的时代——雅典帝国中后期的思想形态。此后一切篇章,无不由此而起,巴门尼德那场对话的影响与后果,将在后续柏拉图对话中渐次展开。正如《巴门尼德》篇所讨论的核心问题是"一",本篇也同时是全部柏拉图对话之"一"——"一"是开端,也是结局,它既在自身当中,又在一切事物当中。

《巴门尼德》篇中仍显稚嫩的苏格拉底"相论"此后将在《理想国》《会饮》《斐多》诸篇中逐步发展演进,巴门尼德的论证亦会在《普罗泰戈拉》《斐德若》《斐勒布》,以及"爱利亚系列"(《泰阿泰德》《智者》《政治家》)当中不断引发回响。这也是一篇充满毕达哥拉斯学派(巴门尼德创立的爱利亚学派是其重要支裔)意味的对话:关于"一"的论题、三重转述、六轮盘诘、七个人的私谈、八个或九个论证……当毕达哥拉斯学派中人蒂迈欧日后到访雅典,讲着与巴门尼德学派切近的语言,表达与之相通的思想(《蒂迈欧》),我们不禁回想起了当年那场对话;此后同属毕达哥拉斯学派的西米阿斯与克贝赶赴雅典监狱营救老友,苏格拉底亲切地使用对方熟悉的话语与之交谈(《斐多》),而在开篇向斐多急切询问对话内容的费琉斯人伊奇克拉底即是该派最后的传人之一,①这让我们又一次听到了当年对话的遥远回声。

---

① Debra Nails, *The People of Plato——A Prosopography of Plato and Other Socratics*, Indianapolis, Cambridge: Hackett Publishing Company, Inc., 2002, p. 310.

　　柏拉图四十二篇戏剧对话,就对话形式而言,分为直接对话三十二篇(其中包括两篇讲辞《申辩》与《德谟多科斯》)与形式相对复杂的转述对话十篇。这十篇转述对话中,六篇由"苏格拉底"本人转述,其余四篇由他人转述,比"苏格拉底"本人转述的对话相对又更复杂一些。这四篇转述对话当中,有三篇采用对话模式(转述者在与他人的对话中讲述此前的对话),《会饮》《泰阿泰德》与《斐多》即是这种对话套对话(main dialogue in frame dialogue)的典型例证;唯有一篇采用叙述模式(转述者直接叙述此前的对话,无明确的言说对象),该篇也是所有柏拉图对话中转述形式最复杂的一部,此即《巴门尼德》。

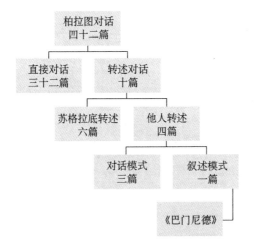

　　《巴门尼德》的三重转述在柏拉图对话中绝无仅有(唯有《会饮》的多重转述可与之相提并论):对话的转述者凯法劳斯告诉(不知名的)听者,当年自己与同伴从家乡克拉佐

门尼去雅典，遇到了旧友阿德曼图斯和格劳孔（柏拉图的两个同胞哥哥），大家一同去寻访安提丰（柏拉图的同母异父弟弟），后者转述了雅典将军皮索多鲁（芝诺的朋友与学生）多年前向自己转述的苏格拉底与爱利亚大哲巴门尼德和芝诺在更久之前完成的那场对话。

凯法劳斯说，据安提丰转述，皮索多鲁是这样讲的：芝诺和巴门尼德曾在泛雅典娜大节①时来到雅典，当时巴门尼德大约六十五岁，芝诺不到四十岁，而苏格拉底那时还极其年轻（127bc）。根据柏拉图给出的这些时间线索，研究者通常认为，巴门尼德到访雅典（当然历史上未必真有其事）的时间，应当是公元前 450 年 7—8 月的泛雅典娜大节期间。② 这

① 泛雅典娜大节（τὰ Παναθήναια）庆典四年一度，于当年 7—8 月间举行。这一庆典在雅典古已有之，据说系由雅典神话国王忒修斯设立，并在雅典僭主庇西特拉图治下蔚然大兴。见 William Smith et al., eds., *A Dictionary of Greek and Roman Antiquities*, vol. II, London：John Murray, Albemarle Street, 1891, p. 324。忒修斯时代（约公元前 8 世纪）与庇西特拉图时代（公元前 6 世纪）分别是雅典城邦崛起与振兴的时代，此后随着雅典帝国（前 478 年—前 404 年）在公元前 5 世纪登上历史舞台，治下各邦人民齐聚雅典、敬拜雅典守护神的庆典更具象征意味。特别是公元前 454 年雅典帝国对盟邦加强统治、悍然将提洛同盟的金库转移到雅典之后，泛雅典娜大节的政治属性愈发凸显。

② 诸多注疏家与研究者如哈罗德·福勒（Harold N. Fowler, *Plato：Cratylus, Parmenides, Greater Hippias, Lesser Hippias*, Cambridge, MA：Harvard University Press, 1926）、康福德（Francis Macdonald Cornford, *Plato and Parmenides*, London：Routledge & Kegan Ltd, 1939）、格斯里（W. K. C. Guthrie, *A History of Greek Philosophy*, vol. 5, Cambridge：Cambridge University Press, 1978）以及晚近的艾兰（R. E. Allen, *Plato's Parmenides*, New Haven and London：Yale University Press, 1997）等人均持此意见。

个年份意义重大:这是雅典贵族派领袖客蒙去世、民主派领袖伯里克利全面掌握政局的年份;在这一年欢庆泛雅典娜大节,正是雅典民主制帝国一往无前、普天同庆的时分。

然而,我们还有一个更大胆的推测,实际上公元前454年的泛雅典娜大节与柏拉图给出的时间提示更为贴近:据第欧根尼·拉尔修记载,巴门尼德的"鼎盛年"在第六十九届奥林匹亚赛会期间(前504年—前500年),①以"鼎盛年"(成年男子个人成就的巅峰纪年)的最低年龄(二十一岁)计算,②巴门尼德的出生年应在公元前525—521年间,我们取巴门尼德可能的最晚生年(前521年),同时将《巴门尼德》的戏剧时间向前推进一个大雅典娜节(前454年),如此方能符合柏拉图给出的时间标记——"当时巴门尼德大约六十五岁"。③ 进而由此推算,那时苏格拉底只有十五岁,或许正因为如此,柏拉图才会使用这种含混的字眼:苏格拉底那时还"极其年轻"(σφόδρα νέος)(127c)。

---

① Diogenes Laertius, *Lives of Eminent Philosophers*, trans. by R. D. Hicks, Cambridge:Harvard University Press,1925,IX. 23,p. 433.

② 根据古希腊人的观念,男子真正成年、由此步入巅峰的年纪始于二十一岁,见 R. Larry Overstreet,"The Greek Concept of the 'Seven Stages of Life' and Its New Testament Significance", *Bulletin for Biblical Research* 19. 4 (2009) ,p. 554.

③ 人们通常根据柏拉图《巴门尼德》公认的戏剧时间(公元前450年)推算巴门尼德的生年为公元前515年,然而,这样一来巴门尼德的"鼎盛年"(前504年—前500年)便在11—15岁之间,这显然是不可能的。从而,根据巴门尼德有典籍记载的"鼎盛年"来推算柏拉图的《巴门尼德》的戏剧时间,这才是更合理的做法。

　　柏拉图为何不直接说出对话的确切年份? 这就是柏拉图对话的有趣之处。公元前454年夏天,雅典帝国悍然将提洛同盟的金库转移到了雅典,这一事件标志着雅典帝国无视统治合法性问题,公开背弃盟约,彻底走向了"帝国主义"。远在意大利的爱利亚学派(奉行与雅典民主制帝国并行的多元哲学相对立的一元哲学)对如日中天的帝邦产生了浓厚的兴趣,当年7—8月间,泛雅典娜大节在雅典胜利举行,爱利亚大哲巴门尼德与芝诺到访雅典却寄身城外(127c),①在朋友的私宅中向少年苏格拉底传授哲学辩证法之妙,这一场景本身便妙不可言——柏拉图似乎想要告诉我们:就在帝国霸道崛起的时刻,关于"一"的真理已悄然来到雅典城外。

　　如果没有形而上学,权力就是真理。

——叶秀山

---

　　①　到访雅典却寄身城外这一细节,透露出巴门尼德与芝诺对雅典帝国的微妙态度,进而反映出的其实是柏拉图本人的态度。

"一"的降临与帝国的命运——
七个人的私谈

《巴门尼德》核心对话(127b–166c)

时间：前454年7—8月/前450年7—8月,泛雅典娜大节期间

地点：雅典城外凯拉米库区皮索多鲁家

人物：皮索多鲁(约前484年—?,雅典将军,芝诺的朋友
与学生)

芝诺(约前490年—?,爱利亚哲人,巴门尼德的学生)

巴门尼德(约前521年—约前450年,爱利亚大哲,爱
利亚学派创始人)

亚里士多德(前469年之后—?,雅典三十僭主之一)

苏格拉底(前469年—前399年,雅典大哲)

两位不知名的在场者

三重转述(126a‐127a)

第一重转述

时间:前 413 年以后

地点:未知

人物:皮索多鲁

安提丰(约前 426~423 年—?,柏拉图的同母异父兄弟)

第二重转述

时间:前 387 年

地点:雅典城中梅力特区安提丰家

人物:凯法劳斯(约前 444 年—?)及其克拉佐门尼同乡

格劳孔与阿德曼图斯(约前 444 年—?,柏拉图的两位

同胞兄长)

安提丰

第三重转述

时间:前 387 年及以后

地点:未知

人物:凯法劳斯

不知名的听众

（一）开场　来自凯法劳斯的报道

【前387年及以后，地点未知】

凯法劳斯　当我们从家乡克拉佐门尼抵达雅典……
（126a）

［注1］"凯法劳斯"（*Κέφαλος*）：这是《巴门尼德》开篇第一个词，系对话（第三重）转述者的名字，由此表明这篇对话乃是来自这位凯法劳斯的报道。陈康先生1982年《巴曼尼德斯篇》译注本就此解说甚详①，惜乎2002年中国第一个汉译《柏拉图全集》中的《巴门尼德篇》漏译了这个至关重要的词。

柏拉图对话中有两位凯法劳斯，一位是叙拉古移民富豪凯法劳斯，在历史上真实存在（Debra Nails, *People of Plato*, 84-85），《理想国》里的对话就设定在他的家中，另一位即在此处，仅出现在本篇对话中，大概是柏拉图虚构的人物。*Κέφαλος*一词的本意是首脑、主旨、（言说与写作的）综述、概要、主题，以及事情的圆满完成等等，《巴门尼德》这篇对话最后的转述者名为*Κέφαλος*，可能具有某种象征意味。

---

①　见陈康译注，《巴曼尼德斯篇》，【注2】【注4】，北京：商务印书馆，2010年，第24-26页。据该版"重印说明"，1944年《巴曼尼德斯篇》陈康译注本由重庆商务印书馆出版，1982年8月由北京商务印书馆重印，除个别排印讹误外，"其余一仍其旧"。

[注2]"我们抵达"（ἀφικόμεθα）：凯法劳斯系与同乡结伴出发，寻访者不止凯法劳斯一位，当年那场对话的影响非仅及于个人，而是地区性的。"我们抵达"使用了不定过去式，凯法劳斯说这话的时候或许仍在雅典，或许已经回到家乡，或许正在一路播撒巴门尼德对话的途中，转述地点未知，愈发引人遐思。

[注3]下面重点说"克拉佐门尼"：这个地名一出现，整场叙事立刻获得了一种历史感。这座城是希腊伊奥尼亚族（雅典是该族的带头大哥）在小亚细亚的殖民城邦，后来为了躲避东方大帝国波斯的强劲势头迁居海上。公元前500年，小亚细亚的伊奥尼亚族爆发了反抗波斯帝国的起义（此为希波战争的开端），该城随即落入波斯人之手。雅典与斯巴达率领希腊诸邦战胜波斯帝国之后，克拉佐门尼加入了雅典领导的提洛同盟，此后希腊世界战事不断，至公元前387年波斯结束了希腊的混战局面，该城重新回到波斯掌握之中（William Smith, *Dictionary of Geography*, 631–632）。在希腊–西方与波斯–东方对抗的过程中，这座城的（被）统治史很可代表小亚细亚的希腊殖民城邦的普遍命运。

同时，得益于小亚细亚得天独厚的东、西文化交流融合的自然条件，希腊殖民城邦中形成了哲学上的"伊奥尼亚派"（西方哲学的两大起源之一），这一派的哲人自阿纳克萨戈拉开始，对希腊母邦、特别是伊奥尼亚族最强大的城邦雅典进行了有力的反哺，这是雅典在武力夺取帝国之后，能够以"全希腊的学校"自命,并在文化上傲视当时的已知世界(除希腊"诸夏"之外,各国皆为"蛮夷",其中甚至包括当时的文明程度还在希腊之上的波斯与埃及)的智识资本之一。阿纳克萨戈拉作为"把自然哲学从伊奥尼亚引入雅典的第一人",成了"伊奥尼亚派"传承系统中的关键一环:西方"哲学之父"泰勒斯—阿纳克西曼德("伊奥尼亚派"开创者)—阿纳克西美尼—**阿纳克萨戈拉**—阿尔刻拉俄斯—苏格拉底(第欧根尼《名哲言行录》1.13 - 14,2.16),而这位自然哲人的故乡便是克拉佐门尼。

　　阿纳克萨戈拉(约前499年—前428年)的命运沉浮与雅典帝国密切相关:他出生于伊奥尼亚起义爆发前后,二十岁左右迁居雅典(前479年,此即雅典夺取帝国的时刻),生活授课凡三十年,他是阿提卡(传统上雅典统治的区域)哲学的奠基者,也是雅典民主派领袖伯里克利(约前495年—前429年)的密友、老师与政治上的支持者,在雅典民主派与贵族派的权力角逐趋于白热化之时(前450年左右),他被雅典贵族派领袖修昔底德(约前508年—约前425年,非史家修昔底德)以"不敬神"的罪名驱逐出境,后来客死异乡(William Smith,*Dictionary of Biography*,162)。

　　与阿纳克萨戈拉在"伊奥尼亚派"传承系统中的位置相若,巴门尼德创立的爱利亚学派是"意大利派"(与"伊奥尼亚派"并立的西方哲学另一大起源)传承系统中的重要环节:希腊"七贤"之一庇塔库斯(此后我们将在《普罗泰戈拉》

篇中看到苏格拉底上演的捍卫"庞塔库斯"之战)—斐瑞居德斯—毕达哥拉斯("意大利派"开创者)—特劳格斯—**巴门尼德**—**芝诺**—留基伯斯—德谟克利特(第欧根尼《名哲言行录》1.13,1.15,1.116),这一派也在雅典产生了重要的影响,与阿纳克萨戈拉及其追随者恰成镜像。

据柏拉图描述,在阿氏未被逐出雅典之前(前454年),甚或就在他被逐出雅典之际(前450年),爱利亚学派大哲巴门尼德与芝诺到访雅典,遇到了少年苏格拉底(这个年轻人当时应该正在跟随阿氏学习自然哲学),对他的天资至为欣赏,慨然授之以本门心法(《巴门尼德》)。这一场景的有趣之处在于,苏格拉底本是"伊奥尼亚派"自然哲学在雅典的继承者,然而,当他关心的哲学问题从天上(自然哲学)转入地上(伦理学),他也成了"伊奥尼亚派"哲学在阿提卡地区统治地位的终结者(苏格拉底曾向**毕达哥拉斯派**传人西米阿斯与克贝讲述自己放弃阿纳克萨戈拉学说的经过,见《斐多》97c-99d),而柏拉图告诉我们,苏格拉底新哲学的核心——相论,就是在巴门尼德的帮助下发展成型的(《巴门尼德》130b-134e)。经过巴门尼德"亲授"哲学要义,苏格拉底就这样被戏剧性地放置在了"伊奥尼亚派"与"意大利派"两大哲学传统的交汇点上。

[注4]凯法劳斯说到,上一次从克拉佐门尼到访雅典已是"很久以前的事"(《巴门尼德》126b),这很可能发生在斯巴达与雅典签订《尼西阿斯合约》之后的和平时期(前421

年—前415年），此后希腊战事频仍，交通不便，待到凯法劳得以再次到访雅典之时，城邦之间显然已经恢复自由访问，这只能是公元前387年波斯与希腊签订《大王和平敕令》之后的事情，因此本次报道的时间应在公元前387年及以后。这场对话前后辗转复述下来，时间至少已过去了六十三年（前454年/前450年—前387年及以后）。无论如何，多年之后，凯法劳斯及其"酷爱哲学"的克拉佐门尼同乡（《巴门尼德》126b），怀着对当年巴门尼德那场对话的浓厚兴趣，当希腊战火甫一停歇便跨越大海奔赴雅典：柏拉图设计的这一充满戏剧性的开篇，足令后世读者兴味盎然、浮想联翩。

（二）入场　苏格拉底挑战芝诺-巴门尼德

【前454年/前450年7—8月泛雅典娜大节期间,雅典城外凯拉米库区皮索多鲁家】

故事一开始,已是在事情中间:(对话的第一重讲述者)皮索多鲁回到家中,看到苏格拉底和其他人正在聆听芝诺宣读论文,已近尾声。与皮索多鲁一同回来的,还有巴门尼德和后来成为"三十人"之一的亚里士多德(127cd)。

[注5]"三十人"(τριάκοντα):本篇对话刚一开始,柏拉图用三个词"τῶν τριάκοντα γενόμενον"(后来成为"三十人"之一)瞬间把我们带入了公元前404年雅典那场政治风暴之中。公元前404年,雅典在伯罗奔尼撒战争中落败,敌国斯巴达扶植当地的三十人集团(即所谓三十僭主)在雅典实施恶名昭著的恐怖统治;雅典不但失去了帝国,引以为豪的民主制度亦被强行废除,这可以说是雅典人有史以来最惨痛的记忆之一。巴门尼德来雅典的年份是公元前454年,当年的雅典帝国傲视希腊诸邦、不可一世,不过五十年的工夫,繁华盛景便已成空。柏拉图一边带我们去看繁华盛景的现场,一边不动声色地提醒我们此为空相。

[注6]"亚里士多德":《巴门尼德》篇作于柏拉图第二次与第三次去叙拉古之间(前367年—前360年),后来的大哲学家亚里士多德(前384年—前322年)此时初进他的学

园,因此这里的亚里士多德并非(如某些研究者猜测的那样)系影射哲学家亚里士多德,详见陈康《巴曼尼德斯篇》【注19】。在色诺芬记载的雅典三十僭主名单中,这位亚里士多德排在第二十八位,此人对三十僭主实施暴力统治起到了至关重要的作用:三十僭主之所以能够对国民倒行逆施、为所欲为,关键在于斯巴达军队的支持,而亚里士多德就是成功游说斯巴达驻军雅典的两位使者之一(色诺芬《希腊史》2.3.2,2.3.13 - 14)。在这个千呼万唤的对话的开头,亚里士多德突然现身,令人心惊。柏拉图如此安排是何用意?在场者都是何人?

在场者中,参与对话者有四位:巴门尼德、芝诺、苏格拉底和亚里士多德。皮索多鲁(以及与苏格拉底一起聆听芝诺宣读论文的"其他人")是旁听者。皮索多鲁此前听过芝诺宣读整篇文章("其他人"则刚刚听完芝诺朗读全文),唯有最后进来的亚里士多德"只听了论文的一小部分"(127d)。知晓全文的皮索多鲁等人做了听众,一知半解的亚里士多德却担任了对谈者。而芝诺的论文究竟全貌如何? 我们突然发觉,自己就连"一小部分"也没听到——我们才是真正最后进来的人。

无论如何,我们现在看到的是这样一幅场景:芝诺读完论文,苏格拉底当即要求对方把"第一个论证中的第一个假设"再读一遍。芝诺照做之后,苏格拉底说:你的意思是,如果存在是多,它们之间必定既相似又不相似;但这是不可能的,因为不相似的事物不会相似,相似的事物也不会不相似。你是这样讲的吗?芝诺表示同意。苏格拉底继续说:那么,证明"多不存在"(*οὐ πολλά ἐστι*),此即你论著的目的?芝诺表示此为正解(127d–128a)。

[注7]柏拉图描述的这部论著常常被认为是"芝诺唯一的文字作品"(G. S. 基尔克,《前苏格拉底哲学家》,410),苏格拉底复述的芝诺"第一个论证中的第一个假设"则是这部作品(如果真的存在)唯一所知段落。对比芝诺残篇3(号称"芝诺唯一毫无疑问真实的残篇")的逻辑大意:如果多存在,存在物必然是有限的,同时存在物又是无限的,从而存在不是多(G. S. 基尔克,《前苏格拉底哲学家》,412–413),苏格拉底复述的内容与之如出一辙。未知芝诺确有这样一部成文作品,还是此系柏拉图根据芝诺学说所做的合情合理的杜撰;根据本篇描写而相信芝诺确有这样一部作品的读者,或许忽略了这本是柏拉图"戏剧对话"中的情节。

《巴门尼德》篇译注者艾伦指出:苏格拉底复述的芝诺假设是一个悖论(paradox),与历史上芝诺的风格相符,但这条悖论逻辑上成立而语义含混,并未解释何以"多"必然意味着同样的事物既相似又不相似,或即便如此,这又有何不可,导致这一论证看上去不过是一种诡辩(sophism),诸多研究者往往看不到这段话与后文的联系,从而未能充分认识到这段论证的重要性(R. E. Allen, *Plato's Parmenides*, 76,78)。按:艾伦的《巴门尼德》译本出版于1983年,陈康先生在自己1942年完成的译注本中同样强调此节,他把这一段视为"全篇的命脉",认为从新柏拉图派学者以至最近的研究者均未对此加以应有的注意,这正是该篇对话经过了一千几百年的时间,经过了数十人的努力解释,至今仍是不解之谜的原因。见陈康《巴曼尼德斯篇》【注27】。

苏格拉底转向巴门尼德说:我看芝诺不仅在友情方面,同时在著述方面也想与你保持密切的关系。他只是把你的论证倒转过来,蒙骗我们他提出了某种不同的东西。你在自己的诗歌中断言"一切是一",芝诺又说一切"不是多",你们二人的论证看似不同,其实完全是一回事(128ab)。

[注8]我们和亚里士多德一样,只能依赖现场苏格拉底对芝诺的转述,好在转述得到了作者本人的首肯,谁知苏格拉底却立刻转向巴门尼德,指出他与芝诺关系密切,两人的论证并无二致,因此芝诺(实际上连带巴门尼德)不免有"蒙骗"听众的嫌疑。巴门尼德是前辈大哲,苏格拉底却越过芝诺,以一打二,言辞极具进攻性,甚或咄咄逼人。注释者艾伦认为,这种鲁莽无礼是年轻人的标志,意在提醒读者当时的苏格拉底年轻而缺乏经验(R. E. Allen, *Plato's Parmenides*, 77),但笔者认为,鲁莽无礼并非一切年轻人的标志,这段描写是苏格拉底初次显露"性格"的重要段落,实际上目中无人、锋芒毕露正是柏拉图笔下的苏格拉底的性格底色,此后当苏格拉底到了成熟的年纪,在《普罗泰戈拉》篇中第二次亮相,他对老前辈普罗泰戈拉的全力剿杀,千载以下犹令观

者为之胆寒。唯有他自己作为前辈，面对年轻的朋友，才会爱意温柔、利刃入鞘（《阿尔喀比亚德》《卡尔米德》《情敌》诸篇以降）。

芝诺答道：不错，不过你没有完全明白我的真意。这篇文章不是为了蒙骗人们，而是为了捍卫巴门尼德的观点。有些人试图从"一存在"的前提推导出谬误与矛盾，而我将他们的攻击加倍奉还，证明从"多存在"的前提推导出来的结论更加荒谬。这是我年轻好胜时写就的文章，而非出于年长者的虚荣（128bcde）。苏格拉底越过芝诺，直取巴门尼德，注意巴门尼德未作回应，芝诺把话头又接了回来。但芝诺的答辩看起来颇为无力，"为了捍卫巴门尼德"云云，等于坐实了苏格拉底的批评，况且证明他人的推论"更加荒谬"，并不能反证巴门尼德的观点无误，至于把自己的文章说成是"年轻好胜"的产物，又似有些悔其少作的意思。

苏格拉底再次发问：你是否认为存在着一个自在的关于"相似"的相，和另一个与之相反的"不相似"的相，而且你我，以及所有被我们称为多的事物，都分有这两个相？一切事物都分有这两个对立的相，从而相互之间既相似又不相似，这何足为奇？如果有人能够指出，只分有"相似"之相的事物可以变成不相似的，反之亦然，方足令人称异。同理，事物分有"一"则为"一"，分有"多"则为"多"，这又何足为奇？但若有人能够证明一本身就是多，多本身就是一，始足令我感到惊异（128e－129c）。

[注9]"相"(εἶδος):εἶδος多译为"理念",今从陈康先生定译,理念论随之为相论。笔者以为,"相"这一译法是用中国传统资源格义西方观念的佳例:此后苏格拉底把εἶδος称作事物的模型(παράδειγμα),认为事物通过与模型相似而"分有"相,而巴门尼德对这一假设提出了批评,指出如此则事物无穷,相亦随之无穷匮也(《巴门尼德》132de),也就是说,苏格拉底的相论,其病即在于"着相"。

另一方面,苏格拉底的"相"又有着特殊的功用。与εἶδος同根的εἴδομαι(看似、化身)一词,其阴性形式为εἰδομένη,此即荷马史诗中雅典娜女神以"化身"示现的那个词(《奥德赛》II.406)。女神仅向极少数人(如奥德修斯父子,如巴门尼德)现以真身,面对芸芸众生却以幻相示人。真理的光芒足以刺瞎凡人眼目(《理想国》516a-517a),幻化诸相或是接引世人的方便法门。就此而言,巴门尼德在"真理"与"有死者的意见"之间设置了两条对立的道路,执着于本质而否定表象,其病或在着了"空相"。

总之,苏格拉底的"相"介于无形无相的"真理"/"一"与作为现象的"事物"/"多"之间,既统摄可见事物之"多",本身作为可知事物之"多"(存在着多种"相")又复归于"一"(关于"可见"ὁρατός与"可知"νοητός事物的界分,见《理想国》卷六509d-511e),从而具有沟通"一"(本质)与"多"(现象)的中介性质。此后在《会饮》篇中苏格拉底所描绘的"爱若斯"神便是一位中介性的神,关于这位神明的故事(丰饶为父、匮乏为母，处于智慧与无知之间，卑微有死的众生因爱而舍生忘死，毅然决然奔赴美与不朽）即可看作是对"相"的性质与功能的一则隐喻。

[注10]苏格拉底认为，一切事物都分有"相似"或"不相似"这两个对立的相，也分有"一"与"多"这两个对立的相，从而相互之间既相似又不相似，本身既是一又是多，这近乎常识。"但若有人能够证明一本身（即作为"相"的一）就是多（即作为"相"的多），多本身就是一，始足令我感到惊奇"（《巴门尼德》128bc），这句话表达了少年苏格拉底的哲学追求，同时也是对信奉"一切是一"的巴门尼德与论证"一切不是多"的芝诺的终极挑战。令人大出意料之外的是，本篇中的巴门尼德竟然一反自身的哲学信念，当场向苏格拉底演示出了"一本身就是多，多本身就是一"的论证过程。如果没有苏格拉底向前辈大哲的尖锐挑战，大概就不会有巴门尼德此后如排山倒海般的豪华"炫技"；看来，苏格拉底的特定"性格"不仅丰富了人物形象，也是推动戏剧发展的要素之一。

苏格拉底最后总结道：如果类与相自身具有对立的性质，此足令人称异。如有人指出"我"既是一，又是多，这又何足异哉？我既分有多，也是我们这七个人中的一个，因此也分有一。木棍、石头也是如此，此皆常见常识。如果有人能辨明似与不似、一与多、静与动诸相，证明这些自在的相可以相互结合以及分离，我将对此感到惊异。进而，如有人能像你和巴门尼德在可见事物中解决这个问题一样,在相自身或推理把握的对象中演示这一问题,这才更能令我感到惊异(129c - 130a)。

[注11]"相自身"(εἴδη ἐν αὑτοῖς)是可知事物,"我"属于可见事物。"我"作为可见事物,既是一,又是多,此不足为奇;"如果有人能辨明似与不似、一与多、静与动诸相","我将对此感到惊异"。——苏格拉底再次强调可见事物(现象)与可知事物(相)之不同。"进而,如有人能像你和巴门尼德在可见事物中解决这个问题一样,在相自身或推理把握的对象中演示这一问题,这才更能令我感到惊异。"——意谓芝诺和巴门尼德只是在可见事物中解决了这个问题。当然,巴门尼德此后大展神威,当即在"相自身或推理把握的对象"(可知事物)中演示了这一问题。对比《斐德若》篇(261d)苏格拉底这句话:"我们难道不知道爱利亚的帕拉墨得斯有讲话的技艺,能让同样的东西听上去既相似又不相似,既是一又是多,既静止又运动?"(按:"同样的东西"τὰ αὑτὰ既可指具体的事物,又可指抽象的观念),诸多注释者均标注"爱利亚的帕拉墨斯"即指"芝诺"(但都未解说这一影射本身意义何在,如 Fowler, *Plato in Twelve Volumes*, Vol. 9, 521;Jowett, *Works of Plato*, 73;Cooper, *Plato Complete Works*, 538;等等),这一重要的互文向我们进一步提示了《巴门尼德》与《斐德若》篇的内在联系。

[注12]"我们这七个人":直到此时,柏拉图才通过苏格

拉底之口告诉我们,现场共有七个人(129d)。我们由此得知,除巴门尼德、芝诺、皮索多鲁、苏格拉底、亚里士多德之外,还有两个人在场,他们就是和苏格拉底一起聆听芝诺宣读论文的人。这七个人显然关系密切,分有相似的精英气质与哲学倾向:当皮索多鲁与巴门尼德和亚里士多德一同回来,苏格拉底和另外两个人已在他的家中聆听芝诺宣读论文;又据巴门尼德说,某天听到了苏格拉底和亚里士多德在皮索多鲁家里谈话的内容《巴门尼德》135d);此后当苏格拉底请巴门尼德演示其哲学方法,芝诺说:"这样的讲论大众不宜",在场者立刻心领神会,一同恳请巴门尼德亲授方法,巴门尼德终于应允,因为"如芝诺所说,只有我们几位在场"(《巴门尼德》136d‒137a)。雅典城外朋友私宅,七个关系密切的人,一次大众不宜的谈话:这一场景真有些毕达哥拉斯派奉行的"秘传"(acusmata)的意味。

传统上巴门尼德创立的爱利亚学派通常被追溯至"意大利派"的开创者毕达哥拉斯(第欧根尼《名哲言行录》1.13,1.15),新柏拉图主义代表人物普罗克洛则直接称巴门尼德为毕达哥拉斯派成员(Proclus, *Commentary on Parmenides*, Book I,20)。柏拉图本人也深受毕达哥拉斯派的影响,在《斐多》《蒂迈欧》《斐勒布》等对话中对这一派的学说进行了重点描绘乃至重新加工(G. S. 基尔克,《前苏格拉底哲学家》,322‒323)。特别是在《蒂迈欧》篇中,来自意大利洛克里的蒂迈欧作为毕达哥拉斯派哲人(Debra, *The People of*

Plato,293），系统阐述了自己的宇宙论、灵魂观与生物学，其中"七"这个神秘的数字反复出现：创世者创造了唯一的宇宙，赋予了它七种运动中最适宜心灵和理智的运动（即旋转）；创世者也创造了灵魂，为了充分调和各组成部分，他分别进行了七次提取与七次填补，并将其分成七个大小不同的圈，各自运动而彼此保持着既定的比例；他把灵魂安放在了宇宙的中心，并创造了七颗星辰，在七条轨道上有规律地运行；此后创世主的儿子接过了创造可朽事物的使命，造出了人类，而人类在七种情愫的影响下，产生了与灵魂和身体相关的疾病……（《蒂迈欧》34a－36e,38cde,69c－70a 以下）进而普罗克洛在《蒂迈欧》注本中神秘地提示我们：提坦们嫉妒年幼的神王狄奥尼索斯，于是把他撕成七块以各分得一块，这意味着"宇宙灵魂在可感世界里的可分本质"，"与此同时，狄奥尼索斯的心脏则与'一'循环相连"（吴雅凌，《俄耳甫斯教辑语》,428）。

　　不知在柏拉图的时代数字"七"到底具有怎样的意涵，至少在新柏拉图主义哲人那里，数字"七"不但与"宇宙灵魂"狄奥尼索斯相关，复与神王克洛诺斯相连，而克洛诺斯代表了纯智力，并与存在密不可分，普罗克洛在《蒂迈欧》注本中特别指出："七是智力之光"，"毕达哥拉斯派哲人们认为，七类似于天生有智力的存在"，"数字七因为更高的缘故而和灵魂发生关系"（吴雅凌，《俄耳甫斯教辑语》,423,438－439）。总之，柏拉图往往在他的对话中若有若无透露出种种信息，不断邀约有心人上前相认，召唤出了代代读者的无尽遐思。

[注13]以上部分（《巴门尼德》127d-130a）是苏格拉底这一人物在柏拉图戏剧对话中的首次发言暨亮相：少年苏格拉底上来便先声夺人，矛头直指两位哲学前辈，并第一次提出了自己的"相论"——这也是他终其一生念兹在兹的题目。（按：我们用加引号的"相论"表示少年苏格拉底尚不成熟的理论，以区别于日后逐渐定型的经典相论。）苏格拉底的提法（一切是一，也是多）与巴门尼德"一切是一"、芝诺"一切不是多"的信念背道而驰，此时少年苏格拉底尚无力解决"相论"自身存在的难题，因而产生了"苏格拉底之问"（如何证明"一本身就是多，多本身就是一"），而要巴门尼德与芝诺解答这道难题，无异于让他们进行有违自身哲学信念的论证。然而，柏拉图笔下的巴门尼德却出手为苏格拉底演示了这一论证过程，这意料之外的"巴门尼德之答"即《巴门尼德》篇的精要部分。

（三）旁白　皮索多鲁的担忧

天才少年苏格拉底锋芒毕露,以自己尚不成熟的哲学观念挑战两位前辈大哲,在这个紧要之处,柏拉图调换视角,转而让(对话的亲历者与转述者)皮索多鲁向听众抒发感言:皮索多鲁说,本以为巴门尼德与芝诺随时都有可能被激怒,然而却看到他们认真倾听苏格拉底讲话,一再交换眼神、相视而笑,似乎对苏格拉底大为欣赏(130a)。巴门尼德与芝诺对少年苏格拉底的爱惜之意,溢于言表。试问面对苏格拉底的诘难,多少人恼羞成怒、气急败坏,气定神闲者能有几人?柏拉图传神一笔,巴门尼德与芝诺的大哲风度跃然纸上。

（四）对驳　论"相"：巴门尼德
对苏格拉底六连击

[注14]"对驳"等场目题解。柏拉图对话大都具有一出戏剧应具备的各种要素：戏剧时间、地点等场景设置，鲜明的人物性格及微妙的人物关系，不断产生的发现与突转及由此得以推进的戏剧情节，暗示与悬念、夸张与反讽等戏剧手法的运用等等，某些比较复杂的对话还会呈现出一定的戏剧结构模式。

比如，《巴门尼德》篇的布局与古希腊喜剧的结构模式即有暗合之处。古希腊喜剧（特别是以阿里斯托芬为代表的旧喜剧）一般有六个组成部分：一、序曲（prologue）或开场白，即介绍性的开场；二、入场（parodos），包括歌队与戏剧角色入场，往往伴有角色之间的口角冲突；三、旁白（parabasis，本义为"站在一旁"），歌队或歌队长直接向观众致辞，内容通常与主旨无关；四、对驳（agon），剧中对立的双方（正方与反方辩手）就全剧主旨展开辩论，这一场是全剧主题思想的反映，有时此前会有一个准备阶段，即对驳预演（pro-agon）；五、插曲（episodes），用以表现次要人物，此时全剧接近尾声；六、终曲（exodus），对驳双方达成和解，主人公大获全胜，全剧在歌舞狂欢中结束（Martin Revermann, *Cambridge Companion to Greek Comedy*, 133—134；*The Complete Works of Aristophanes*, 2）。

对照《巴门尼德》的结构布局:(一)开篇即凯法劳斯的开场白(prologue),此为全剧介绍性的开场;(二)接下来歌队(歌队长即皮索多鲁,另外两位不知名的在场者为歌队成员)与戏剧角色纷纷入场(parodos),随后苏格拉底向芝诺及巴门尼德发起挑战,角色之间发生口角冲突;(三)皮索多鲁发出旁白,此为歌队长向观众直接致辞,而内容无关乎主旨;(四)此后苏格拉底与巴门尼德正式对驳(agon),一如古希腊喜剧结构模式,《巴门尼德》的对驳场乃是全剧**主旨**所在(亚历山大学者忒拉叙洛斯为每一篇柏拉图对话拟了一对标题,一个源于对话者的名字,另一个取自对话的主题,《巴门尼德》篇的另一个标题即《论"相"》,见第欧根尼《名哲言行录》3.57-58),而此前苏格拉底对芝诺与巴门尼德的挑战即对驳预演(pro-agon);(五)之后观众将看到芝诺的表现,这是本剧关于"次要人物"的插曲,此时全剧已接近尾声;(六)最后巴门尼德关于"一"进行了令人目眩神迷的论证,对驳双方达成和解,爱利亚哲人大获全胜,这是哲人的极限"游戏"(《巴门尼德》137b),也是全剧的狂欢终曲。

在本场论"相"环节,巴门尼德向苏格拉底接连进行了六轮攻诘,特别是最后第六轮进击,称得上是名副其实的"降维打击"。美国学者卡恩(Charles Kahn)将以上诘难总结为"相论"的"六个困境"(见下文),以下我们便进入本剧对驳场一观究竟。

第一轮攻诘

待苏格拉底滔滔放言结束之后,巴门尼德首先表示嘉许,接下来连环发问,向对方提出了四组问题:你认为相本身与分有相的事物是"分离"的吗? 比如"相似"、"一"、"多",以及你刚才听芝诺说的那些相都是如此? 苏格拉底回答:确实如此。

巴门尼德又问:那么,关于正义、美、善等自在的相也是如此? 苏格拉底回答:是的。

巴门尼德又问:有没有和我们分离的"人"的相? 以及有无"水"或"火"的相? 此时苏格拉底犹豫起来:对此我经常感到困惑。

巴门尼德又问:头发、泥土、污垢这些卑贱的事物也有相吗? 对此你是否也感到困惑? 苏格拉底却说:我不困惑。假定这样的事物也有相,那就太荒谬了。但我对此还是感到不安,只恐堕入无意义的深渊。

巴门尼德便说:苏格拉底,你还年轻,还未掌握哲学,将来你会牢牢把握哲学,那时就不会轻视任何事物了,而你现在仍顾虑世人的意见(130abcde)。

[注15]苏格拉底话音刚落,巴门尼德便指出了"相论"可能存在的一个根本问题,即相本身(共相)与分有相的事物(殊相)是"分离"(χωρίς)的。注意巴门尼德这四组关于"分离"的问题层层递进,更准确地说,是层层下降。第一

问,关乎哲学基本范畴,苏格拉底的回答非常确定。第二问,关乎道德判断、价值判断等伦理学意义上的范畴,这是此后苏格拉底毕生的哲学关切,然而他的回答却不似前者那般确定。第三问,从抽象概念进入可见事物领域(此即"常见常识"、"何足异哉"的领域),此时苏格拉底反倒犹豫起来。第四问,概念的抽象程度再次下降,事关更加卑微的现象,苏格拉底突然开始否认这类事物的"相"存在。

这一段的关键在于(提问进入可见事物领域之后)苏格拉底为何犹豫。我们知道,伊奥尼亚哲人多以"水"、"风"、"气"、"火"、"土"等"自然"(φύσις)元素解释世界的"本原"(ἀρχή),因而被称作"自然哲学家",阿纳克萨戈拉便是这一派最后的集大成者。"自然"元素兼具可见事物的物质性以及作为世界"本原"的形而上学意义,阿纳克萨戈拉提出的新的抽象原则——自在、自治、永恒运动的"心灵"(νόος)也不例外。"心灵"具有空间中的广延,与其他事物一样是有形体的(G. S. 基尔克,《前苏格拉底哲学家》,576),从而仍然具有物质性,未能脱离伊奥尼亚派的窠臼。即便如此,阿纳克萨戈拉也没有用相对抽象的"心灵",而是用头发、肉、筋、骨等具体的物质因素解释人的存在(G. S. 基尔克,《前苏格拉底哲学家》,583,592),并用"气"、"以太"(亚里士多德指出,阿纳克萨戈拉的"以太"="火",见 G. S. 基尔克,《前苏格拉底哲学家》,589)、"土"、"水"等传统"自然"元素解释宇宙的生成,这导致苏格拉底最终放弃了他的学说:"他

(阿纳克萨戈拉)没有把心灵当作安排万物的原因,却说原因是气、以太、水,以及其他荒谬的东西",从此开启了著名的"第二次航行"(《斐多》98b-99d)。就《巴门尼德》这部对话本身的语境来看,苏格拉底此时正处于向阿纳克萨戈拉求学期间,当巴门尼德用伊奥尼亚派话头向他提问,苏格拉底表现得非常犹豫,正符合《斐多》篇中描述的他在哲学转向之前那种困惑的状态(《斐多》96a-97c)。

[注16]至于头发、泥土、污垢何以是"卑贱的"事物?这些事物有"相"又有何不可?中期柏拉图主义者阿尔吉努斯(Alcinous,公元2世纪左右)的说法是:"相"被定义为根据自然生成之事物的永恒样板。大多数柏拉图主义者都不承认人工制品具有相,比如一块盾牌或一张竖琴;违背自然的事物也没有相,比如发烧或霍乱;个体也没有相,比如苏格拉底和柏拉图;任何琐屑之物也没有相,比如尘埃和谷壳;某些关系也没有相,比如较大和优先;因为相是那位神的永恒和自足的思想(阿尔吉努斯,《柏拉图学说指南》,58-59)。上述提法显然存在诸多问题(例如,"大多数柏拉图主义者都不承认人工制品具有相",但在《理想国》中苏格拉底为了方便譬喻,正是以"床"和"桌子"等人工制品的相为例说明问题的),而关键尤在于,经过上述各种限定的相,并不囊括一切事物,要用这样的相来沟通"一"与"多",无异于缘木求鱼。

就此话题,德国学者施滕策尔(Julius Stenzel)认为,苏格拉底的"相"承载着道德与审美特性,柏拉图不愿在这里讨论泥土的"德性"(ἀρετή),说泥土的"相"比地上的泥土更纯粹云云,当柏拉图此后不再以价值区分一切事物(见《智者》227b,《政治家》266d,《斐勒布》58c),他的"德性"观念隐含的那种"目的论"便随之消失了(他的学生陈康对这一问题的解释与乃师一脉相承,见《巴曼尼德斯篇》附录一:"少年苏格拉底"的"相论"考,372 – 373)。施滕策尔进而批评德国马堡学派代表人物纳托尔普(Paul Natorp)在相的"分离"问题上纠缠不清,指出柏拉图的理论自有其发展变化的法则,从没有什么"总体的相论"(general theory of ideas),这一提法本身就是那种偏颇的、所谓"系统的"柏拉图阐释的遗迹(Julius Stenzel, *Plato's Method of Dialectic*, 55 – 58)。按:施滕策尔是陈康先生在德国哈勒大学求学期间的导师,纳托尔普则是海德格尔在马堡大学任教期间深受影响的马堡学派的宗师,施滕策尔对纳托尔普的批判或多或少解释了(同源于德国的)陈康(式的)与海德格尔(式的)柏拉图阐释路数的差异乃至对立,此为后话。

[注17]苏格拉底这一阶段的"相论"仅关乎(他头脑中的)可知世界,未能施于(我们生存于其中的)可见世界,且对不同种类的可见事物存有巨大的偏见,美国学者卡恩将之概括为"相论"的第一个困境:种群问题(*Aporia* 1. The population problem, Charles Kahn, *Plato and the Post-Socratic Dialogue*, 7)。本轮盘诘结束之后,巴门尼德对苏格拉底看似温

和的回应当中实则包含着一个严重的批评:你现在仍"顾虑世人的意见"($\pi\varrho\grave{o}\varsigma\ \grave{\alpha}\nu\vartheta\varrho\acute{\omega}\pi\omega\nu\ \grave{\alpha}\pi o\beta\lambda\acute{\epsilon}\pi\epsilon\iota\varsigma\ \delta\acute{o}\xi\alpha\varsigma$),此即巴门尼德的女神所指示的与"真理"($\grave{\alpha}\lambda\eta\vartheta\acute{\eta}\varsigma$)相对的另一条道路——"有死者的意见"($\beta\varrho o\tau\tilde{\omega}\nu\ \delta\acute{o}\xi\alpha\varsigma$)之路(巴门尼德《论自然》残篇1、6、8)。

第二轮攻诘

巴门尼德继续问道:你且告诉我,相作为"一"完整地存在于每一个分有者当中吗? 分有相的事物是否或者分有整个相,或者分有相的一部分? 得到苏格拉底肯定的回答之后,巴门尼德举出了两个例证:

1. "相"如同一张覆盖众人的"帆",盖在人身上的是整张帆,还是帆的一部分? 苏格拉底答曰:是一部分。巴门尼德便说:从而相本身必定分割为部分(而非"完整"地存在于每一个分有者当中),分有相的事物只分有相的一部分,而非整个相。

2. 如果分有相的事物只分有相的一部分,以大与小的相为例,则"大本身"的部分比"大本身"小,"小本身"比"小本身"的部分大,而这是不可能的。

以上例证表明,事物既不可能分有整个相,又不可能分有相的一部分(130e–131e)。

[注18] 注意巴门尼德在这里诘问苏格拉底的方式,其实就是为我们所熟知的苏格拉底的盘诘法:提出论题——就

此论题进行两难论证——推翻论题。柏拉图似乎意在告诉我们,苏格拉底的方法来自巴门尼德。此后在《普罗泰戈拉》篇中,苏格拉底以成熟的形象首次公开亮相,在老前辈普罗泰戈拉关于"德性"的滔滔不绝的"大演说"结束之后,苏格拉底截断众流,只提了一个问题:德性是一,并以正义、节制、虔敬为其组成部分,还是正义等等不过是同一事物的各个名称?(《普罗泰戈拉》329cd)……这一局智力对决的结果如我们所知,针对雅典长期占统治地位的话语方式(诉诸意见而非真理的公共演说),苏格拉底用新铸造的批判武器(以追求真理为务的个体间的哲学对话)一招制敌——而他提出的"德性"问题即是巴门尼德此处第二轮诘问的变体,接下来苏格拉底使用的证伪手段(无论是通过打比方还是归谬法)也都在《巴门尼德》篇中一一有其"原型"(例如苏格拉底随后提出的"脸"喻即化用了巴门尼德此处的"帆"喻,对"德性"论题的三次证伪则是巴门尼德关于"一"的八次/九次论证的具体而微,详见后文《普罗泰戈拉》篇解读)。

[注19] 在上一轮诘问(确认相本身与分有相的事物彼此"分离")的基础上,巴门尼德在本轮诘问中指出了"相论"可能存在的又一个根本问题,即如果相作为"一""完整地"(ὅλος)存在于每一个分有者当中,那么这样的"相"是既不可能被个别事物整个地分有,又不可能被部分地分有的。我们称之为"整一"问题,卡恩则称之为"相论"的第二个困境:分有问题(*Aporia* 2. The problem of participation, Charles Kahn,

Post-Socratic Dialogue,7－8）。"整一"问题与"分离"问题共同构成了"相论"的根本问题,此后巴门尼德在第五轮攻诘中同时祭出了这两个问题,少年苏格拉底的"相论"被彻底推翻。

第三轮攻诘

巴门尼德继续问道:你认为相是一,看到许多大的事物,就认为它们分有同一个相,即"大"本身? 得到苏格拉底肯定的回答之后,巴门尼德说:以"大"本身和大的事物为例,你用心灵去观看它们,则会出现又一个"大",无穷的事物由此会生出无穷的相来,从而你的"相"将不再是一,而是无限的多(131e－132b)。

苏格拉底对曰:假设每一个相都是一个思想,仅存在于心灵中则如何?

巴门尼德反问:因此相皆为思想,却不存在思想的对象?

苏格拉底只得承认:相是关于事物的思想。

巴门尼德又问:相是关于"存在的事物"还是"不存在的事物"的思想?

苏格拉底立刻修正说法:相是关于存在的事物的思想。

这时巴门尼德说:既然相是思想,那么分有相的事物皆是思想,从而一切事物皆思,或者它们都是思想,却不思?

苏格拉底只好说:二者都不合理(132bc)。

[注20]本轮盘诘的关键在于这一句:"你用心灵去观看

它们,则会出现又一个'大'"。""心灵"(ψυχή):不同于阿纳克萨戈拉的"心灵"(νόος),这里的心灵是一个常用词,一般译作"灵魂",在此指人的认识官能,故译作"心灵"。"你用心灵去观看它们"——在事物和"相"的关系当中(仍以彼此"分离"为基础),巴门尼德引入了第三个因素,此即认识主体;而主体认识到的事物不是事物本身(大的事物),也不是相("大"本身),而是据此产生了一个"心相"——"则会出现又一个'大'"。"心灵"认识"大"本身与大的事物产生了心相(1),继而为了认识这个"心相"(1)便会产生又一个"心相"(2),依此类推,以至于无穷("心相"n)——"从而你的'相'将不再是一,而是无限的多"。

若无穷的"心相"无限倒退,其归宿即是"心灵"。如果"万相归心",则相仍可为一。因此苏格拉底设问:"假设每一个相都是一个思想(νόημα),仅存在于心灵中则如何?"关于νόημα一词,《巴门尼德》篇译注者艾伦提供了两点重要且有趣的提示:1. 这个通常被译为"思想"的古希腊词语,在柏拉图作品中非常罕见,却是历史上的巴门尼德的常用词汇;2. 在希腊古典时代,νόημα一词的-μα这个后缀用法模棱两可,既可表示某一行动的结果,又可表示带来这一结果的行动(R. E. Allen, *Plato's Parmenides*, 169 – 170)。也就是说,νόημα既可以是思想的结果,又可以是思想的过程。苏格拉底通过使用巴门尼德的常用词汇,可能正在尝试着向后者的思想靠拢,然而巴门尼德不许苏格拉底退守于"心灵"之中,而是迫使苏格拉底承认相(如果是思想)只能是关于事物的思想，进而苏格拉底不假思索地承认相(如果是关于事物的思想)只能是关于存在的事物的思想(参见巴门尼德的提法：人只能思考存在，"因为思与存在同一"，"对于言说和思想的存在者必定存在"，"因为你既不可能认识非存在，也不可能言说"等等，见《论自然》残篇2、3、6)，也就是说，从苏格拉底不假思索地接受巴门尼德的观念这一刻起，意味着巴门尼德已将苏格拉底规训成功。

有意思的是，接下来巴门尼德利用 νόημα 一词的含混性，立刻推翻了苏格拉底"相是思想"的假设：如果相是思想，则分有相的事物皆是思想，从而一切事物皆思(νοέω)或不思；言下之意是说，事物既是思想(注意 νόημα 一词同时意味着"思想"的结果与行动)，必有所思，但作为"存在的事物"，又岂能思？苏格拉底再一次被推入两难境地，"相是思想"的假设宣告破产。

[注21] 卡恩认为上述段落包含了两部分内容：(132a1—b2)部分是"相论"的第三个困境，可用(亚里士多德的)"第三人论证"(无限的事物需要无限的第三者来建立事物与观念之间的联系)来加以解释(Aporia 3. The Third Man, Charles Kahn, *Post-Socratic Dialogue*, 8－13)；(132b3－c11)部分是"相论"的第四个困境，可用"相作为思想"来进行概括(Aporia 4. Forms as thoughts, Charles Kahn, *Post-Socratic Dialogue*, 8－14)。但在笔者看来，这两个部分讲了一件事

情:巴门尼德引入认识主体,为"相论"制造了新的困难,苏格拉底为求化解,假设相是仅存在于心灵中的思想,结果被巴门尼德轻松证伪——存在的事物岂可"思"?"思"固是认识主体("我")的事情。所谓"相论"的两个困境,其实"一"也;我们统称之为"认识"问题。

第四轮攻诘

苏格拉底意识到问题所在,被迫修正"相"的定义:假设相是存在于自然中的"模型",其他事物与之类似,是相的仿本;所谓事物分有相,无非是被制造得类似相。

巴门尼德反驳道:如果某一事物类似相,相亦会类似这一事物,则二者必然分有同一个相,从而将在一个相之外不断产生新的相,以至于无穷。因此事物不能通过"类似"来"分有"相。苏格拉底说:看来是这样。

此时巴门尼德便说:苏格拉底啊!这下你看到,坚持认为相是自在且分离的有多困难了吗?苏格拉底答道:的确如此(132d – 133a)。

[注22]巴门尼德将相拦截在了"心灵"之外,于是苏格拉底只好将相放回到"自然"(φύσις)之中,并提出了新的"模型"(παράδειγμα)假说,事物与相的关系亦随之调整为"类似"(ὁμοῖος)关系。我们看到,日后苏格拉底经典相论的雏形已被巴门尼德逼显出来(主要见于《理想国》)。——顺便提及,由于本篇对话在写作时间上一般归为柏拉图后期对话,

诸多研究者与注释者往往将巴门尼德在这里对苏格拉底"相论"的批评视为柏拉图晚年的自我"修正"（revision），学者们就柏拉图（特别是在系列"爱利亚对话"中）的"修正观点"各持己见，由此引发了长达数十年的争论，加拿大学者多特综述了争论的焦点及其困局（Kenneth Dorter, *Plato's Eleatic Dialogues*, 2 - 12），但问题本身并未得到解决。基于同样的思维定式（《巴门尼德》篇作于柏拉图晚年，因而这里的苏格拉底"相论"即柏拉图的后期理论），《巴门尼德》篇译注者艾伦说道：苏格拉底对于"模型"论与"类似"说非常自信，原因很好解释，因为早在《游绪弗伦》篇中（按：该篇属于所谓柏拉图早期对话）相就被称作"模型"了（R. E. Allen, *Plato's Parmenides*, 180）。问题是，苏格拉底在《巴门尼德》篇中是初生牛犊般的少年，到了《游叙弗伦》篇中已是行将被判处死刑的七十岁老人，怎么能说苏格拉底"早在"七十岁的时候讲过十几岁时说的话呢？也许事情没有那么复杂，《巴门尼德》篇本就是在描写少年苏格拉底最初提出尚不成熟的"相论"的情形，至于柏拉图为何在暮年如是想象自己从未见到过的老师少年时代的情形，这才是值得玩味的一个话题。

[注23]针对苏格拉底的提法，巴门尼德批评"类似"说将导致新的"相"不断产生，"相论"由此重新陷入了第三轮攻诘（131e - 132b 部分）带来的困难，卡恩称之为"相论"的第五个困境：相作为模型（*Aporia* 5. Forms as paradigms, Charles Kahn, *Post-Socratic Dialogue*, 14 - 15）。问题在于，苏

格拉底的这个"自然"中的"模型"与伊奥尼亚派诸"自然"元素(尤其是阿纳克萨戈拉的"种子")本质上非常接近;苏格拉底在回到"自然"的同时,似乎正在重返伊奥尼亚派的阐释路径。然而,巴门尼德却对这一重大"隐患"存而未论,实际上他并未质疑"模型"论本身,而只是批评"类似"说行之不通,从而为苏格拉底日后进一步思考"模型"论留下了空间。与卡恩不同,我们称之为"模型"问题,理由不在于"模型"论遭到了巴门尼德的质疑,而恰恰在于这一假说本身未遭到他的质疑:为何(柏拉图笔下的)巴门尼德要留下这一"活口",而日后苏格拉底在放弃伊奥尼亚派阐释路径之后,仍然要坚持这一假说? 最典型的例证见《斐多》篇,苏格拉底在临死前仍坚持最初提出的"相论"(《斐多》78cd,80b),而《斐多》恰是他自述一生哲学历程、开启所谓"第二次航行"的篇章(《斐多》98b-99d)。这是一个至关重要、足以列入"苏格拉底问题"群的问题,但处理这一题目不是本书的任务,我们留待后续《理想国》研究再作分解。

[注24]本轮盘诘结束后,巴门尼德向苏格拉底指出,坚持"相是自在且分离的"($εἴδη\ ὄντα\ αὐτὰ\ καθ᾽αὑτὰ\ διορίζηται$)是困难的,而巴门尼德在第一轮攻诘之初,首先向苏格拉底确认了如下观点:你认为相本身与分有相的事物是分离的吗?(130b)至此我们发现,巴门尼德的第二轮攻诘("整一"问题)系以第一轮攻诘("分离"问题)为基础,第三轮攻诘("认识"问题)同样以第一轮攻诘为基础,并呼应了第二轮

攻诘的打法,现在第四轮攻诘("模型"问题)在呼应第三轮攻诘打法的同时,又一次回到了第一轮攻诘一开始就提出的"分离"问题。这些步步为营的关联让我们意识到,巴门尼德的几轮进击乃是预先设伏,合围的时刻大概已经快要到了。

第五轮攻诘

苏格拉底终于认识到了问题所在,而巴门尼德又发起了新一轮进攻,指出如果坚持相作为"一"区别于存在的事物,就会出现一个最大的困难。苏格拉底表示愿闻其详。

巴门尼德说:首先,如果每一类存在的事物都有一个自在的相,那么这样的相不可能出现在我们这里。

苏格拉底答道:不错,否则相就不是自在的了。

巴门尼德说:很好,这些相的存在与彼此之间的关系有关,而与我们这个世界的事物无关;反过来我们这个世界的事物也是如此。以主奴关系为例,奴隶是主人的奴隶,奴隶这个相是主人这个相的奴隶。因此我们这个世界的事物与另一个世界事物的意义无关;知识本身与关于真实事物的特定知识的关系也是如此。从而我们并不拥有相本身,相也不能存在于我们这个世界,进而相本身对于我们是不可知的,善本身、美本身等等同样是不可知的。苏格拉底答道:怕是如此(133a-134c)。

[注25] 本轮攻诘一开始,巴门尼德直接从第一轮攻诘

提出的"分离"问题与第二轮攻诘的"整一"问题出发,指出如果"坚持相作为'一'区别于存在的事物"——此即坚持相的两个基本性质(同时也是根本问题):1. 相本身与分有相的事物是"分离"的(130b)(即"分离"问题),2. 相作为"一"是"完整的"(131a)(即"整一"问题)——就会出现一个最大的困难。

这个困难在于,具有以上性质的相,即对于存在的事物而言"自在"的相,是不可能出现在我们这个世界的。注意"自在"($\alpha\dot{\upsilon}\tau\dot{o}$ $\kappa\alpha\vartheta'\alpha\dot{\upsilon}\tau\acute{o}$)一词是苏格拉底相论的关键术语,在本剧"对驳预演"(*pro-agon*)部分,少年苏格拉底在挑战芝诺时第一次给出了这种表述:你是否认为存在着一个**自在**的关于"相似"的相,和另一个与之相反的"不相似"的相……?(128e-129a)按:英译者出于语言对应的便利,一般将$\alpha\dot{\upsilon}\tau\dot{o}$ $\kappa\alpha\vartheta'\alpha\dot{\upsilon}\tau\acute{o}$直接对译为"itself by itself"(自身凭自身),有时这一词组呈复数形式$\alpha\dot{\upsilon}\tau\grave{\alpha}$ $\kappa\alpha\vartheta'\alpha\dot{\upsilon}\tau\grave{\alpha}$(见129d,133a),英译则相应为"themselves by themselves";或如格罗特(George Grote)将之意译为"self-existent"(自在);或如福勒(Harold Fowler)将之曲译为"absolute"(绝对)等等,相应汉译则有"仅凭自身"、"就其自身的自身"、"在其自身之中且为其自身之故"等虽然严格对应却稍嫌生硬狼犺的直译,也有"自在"这一略嫌"现代"但颇能曲尽其义的意译,在此我们暂取后者。

这就是说,在苏格拉底挑战芝诺之初,当他提出"自在的

相"这个关键术语那一刻,巴门尼德已看到其本质规定性即
"分离"及"整一",乃向对方一一确认,随即各个予以击破。
现在几轮攻诘合围之下,苏格拉底已无退路。此时巴门尼德
特意使用对方的术语,提醒苏格拉底这本是他当初的说法,
苏格拉底立刻领会,答道:不错,否则相就不是**自在**的了。

[注26]值得注意的是,这个"自在"的相与阿纳克萨戈
拉的"心灵"性质非常相似:"心灵"是"无限的、自治的,不与
任何事物相混合,单一的、自在的"(阿纳克萨戈拉残篇12,
G. S. 基尔克,《前苏格拉底哲学家》,572)。从而巴门尼德
在这里对苏格拉底"相论"的批评,看来很像是对阿纳克萨
戈拉及其追随者的批判。阿纳克萨戈拉(约前499年—前
428年)本是巴门尼德(约前521年—约前450年)的后辈,
G. S. 基尔克等人的名作《前苏格拉底哲学家——原文精选
的批评史》较同类著述的优胜之一,就在于没有把伊奥尼亚
哲人"打包"处理,而是沿着思想史的脉络,解说完毕"伊奥
尼亚思想家"之后,再讲述以毕达哥拉斯、巴门尼德等人为代
表的与之卓然对立的"西方的哲学",最后再讲述阿纳克萨
戈拉对巴门尼德及芝诺针锋相对的反驳及其在此基础上得
出的新见解,此为"伊奥尼亚的回应"之开端。也就是说,阿
纳克萨戈拉及其哲学乃是"后巴门尼德"的,历史的真实情
形恐怕是阿氏在雅典生活讲学三十年间(前480年—前450
年)不免会涉及对巴门尼德思想学说的批评,而柏拉图却要
安排巴门尼德在阿氏离开雅典之前飘然而至,一举反击了对

方的观点。柏拉图似乎在借巴门尼德"本人"之口还击历史上阿氏对于巴门尼德的攻击，这是本篇读来一个尤为有趣的地方。

[注27]既然"相"对于存在的事物而言是"自在的"，这就意味着有两个不同的世界：一个是相的世界，一个是我们的世界，并且这两个世界彼此无关。在此基础上知识问题的加入（即"知识本身"与"关于真实事物的特定知识"无关，从而"相本身对于我们是不可知的"），进一步加剧了第三轮攻诘留给我们的"认识困境"："用心灵去观看相本身与分有相的事物，则会出现又一个'相'，无穷的事物由此会生出无穷的相来。"（132ab）——实际上从那时起，巴门尼德已经在暗示我们：人无法认识相，相是不可知的。

至此我们看到：攻诘1（分离问题）＋攻诘2（整一问题）＋攻诘3（认识问题）⇒攻诘5，我们称之为"两个世界的分离问题"。除攻诘4（模型问题）这个唯一可能的"活口"之外，第五轮进攻将前后几轮攻势整合为一，发起了总攻。巴门尼德这一系列进击环环相扣，打的是密不透风的组合拳，这也是后来苏格拉底演练娴熟的打法。此后我们将在《普罗泰戈拉》中看到，苏格拉底面对普罗泰戈拉的势头，自嘲"就像挨了优秀拳击手的痛打，一阵阵头晕目眩"，其实是他自己重拳出击，每一条论证（包括起初看似离题的论证）都环环相扣、步步为营，直至最后合围、彻底制服对手。

[注28]在本轮攻诘中，巴门尼德一证到底，苏格拉底再

无异议。巴门尼德最后指出：相本身对于我们是不可知的，善本身、美本身等等同样是不可知的。苏格拉底答道：怕是如此。——这个"怕"（*κινδυνεύει*）字耐人寻味。须知苏格拉底毕生的功课，便是求索"善本身"与"美本身"等等的"真相"，或者说，是思索如何才能破解巴门尼德的魔咒："相本身对于我们是不可知的。"当我们一路跟随苏格拉底思考，要记得苏格拉底在他的哲学生涯之初，遇到了难以逾越的伟大的巴门尼德，而对方带给他的"影响的焦虑"伴随了这位雅典大哲的一生。

第六轮攻诘

至此事情仍未结束，巴门尼德在得出上述结论之外，还有一个更可怕的推论：知识本身远比我们这个世界的知识精确，而唯有神具有知识本身；由于知识本身与我们这个世界的知识无关，从而主宰那个世界的神并不能主宰我们，也不能认识我们和属于人的事物，反之亦然。苏格拉底闻言惊呼起来：如果神（对于人事）的知识都被剥夺了，那么这个论证真是令人惊异！（134cde）

[注29]"惊异"（*θαυμαστός*）："惊异是哲学的唯一起源"——柏拉图《泰阿泰德》155d。陈康先生指出：苏格拉底挑战芝诺时连续六次以不同变体使用了"惊异"一词（129b一次，129c三次，129d一次，129e一次），同一个词反复出现，目的在于着重强调该词的意涵，见陈康《巴曼尼德斯篇》【注

48】。有意思的是,巴门尼德随即对苏格拉底接连六次发起攻讦,在泰山压顶般轮番重击之下,先前眼高于顶、口口声声"何足异哉"的苏格拉底终于发出了"惊异"之叹。

[注30] 何以这个推论是"更可怕的"(δεινότερον)？在第五轮攻讦中,巴门尼德第一次将"我们这个世界"与"另一个世界"分离开来,或者说,这是巴门尼德沿着伊奥尼亚派的阐释路径推导下来必然会得出的结论。无论是自然元素还是"心灵"(乃至"模型")都是物化的存在,这类存在与实存的分离,势必意味着两个世界的分离而无法认知彼此。这对于汲汲求索真知的苏格拉底来说,已足可"怕"(κινδυνεύει)。现在巴门尼德又进一步引入神的问题,推导出人与神的世界的分离:"主宰那个世界的神并不能主宰我们,也不能认识我们和属于人的事物,反之亦然",但是"如果神(对于人事)的知识都被剥夺了",必将导致《荷马史诗》教育下的希腊世界对于神的信仰的坍塌,而这种信仰既是传统城邦的统治原则,同时也是其根本习俗。从两个世界的分离,推导出神-人隔绝,进而是礼崩乐坏,失去统治根基,这岂非"更可怕的"事情？

据普鲁塔克记载,雅典民主派领袖伯里克利即将掌握政权之前,有一次在自家农场发现了一只独角羊头,占卜家兰蓬认为这预示着伯里克利派系将战胜修昔底德派系,最终掌握政权,而阿纳克萨戈拉却当众将羊头剖开,向围观者讲述了一番自然原理,当时人们赞不绝口,普鲁塔克以此为例,说明"伯里克利结识阿纳克萨戈拉真是受益良多,包括通过他的教导超越了迷信",紧接着又说:后来修昔底德果然落败,所有的权力掌握在了伯里克利手中,这回兰蓬的占卜得到了不逊于前者的推崇。……若干年后,雅典通过一项议案,凡是不信神或传授天体学说者,应对之提起公诉,此系借阿纳克萨戈拉打伯里克利,出于担心阿纳克萨戈拉,伯里克利便将他送出了雅典(*Plutarch*,*The Life of Pericles*,6.2-3)。结合普鲁塔克本人的职分(德尔菲神庙祭司!)来看,上述记事大有春秋的成分(樊尚·阿祖莱,《伯里克利》,186-187),但无论如何,这些记述昭示了一个重要的现象,即伴随着政治权力的转移,出现了新旧两种解释权(占卜/对神的信仰 vs.自然原理/天体学说)之间的斗争。

公元前431年,传统守旧的斯巴达进犯阿提卡地区(雅典势力范围),这时雅典帝国"第一公民"伯里克利向国人详细分析战备财源:"……必要时,就是雅典娜神像上的黄金饰片也可以取用"(修昔底德《伯罗奔尼撒战争史》2.13.5),这是伯里克利在(有记载的)公共演说中第一次以及唯一一次提到神明,这也是最能反映其虔敬态度的一句口实。(柏拉图笔下)巴门尼德那一骇人的推论,距离帝国领袖伯里克利不虔敬的公共演说,不过二十来年的光景。这让人不禁回望雅典帝国的来时路:从何时开始,伊奥尼亚的"自然"($φύσις$)从东方登陆,逐渐侵入了母出之地的习俗($νόμος$)?

[注31]卡恩将我们划分的第五轮与第六轮攻诘统称为

"相论"的第六个困境:分离作为最后与最大的困难——没有因果或认知关系的两个世界(*Aporia* 6. Separation as the last and greatest difficulty:two worlds with no casual or cognitive relation between them, Charles Kahn, *Post-Socratic Dialogue*, 15 - 18)。而我们坚持将其分为两部分:攻诘5(两个世界的分离问题)与攻诘6(神的问题),原因在于"神的问题"乃是本篇核心命意所寄,如新柏拉图派代表普罗克洛所见:"神学的全部教义都在这篇对话里完整地表现出来",《巴门尼德》的假设包含着"最神圣而神秘的真理",唯有通过叙述这些真理的推论过程,才能获得"完整的柏拉图神学"(普洛克罗,《柏拉图的神学》第七—八章,18 - 20)。无论神的观念本身如何变迁,我们仍然能从这些自命真正理解大师意图的"柏拉图主义者"那里得到启示:后文巴门尼德关于"一"的论证即柏拉图"神学教义"的内核部分,攻诘6这一小节则可视为这部分的引言,同时也是解开其疑难的钥匙。说到底,巴门尼德关心的存在或不存在(to be or not to be)的问题,本质上是一个信(神)或不信(to believe or not to believe)的问题;实际上,从柏拉图的巴门尼德沿着"伊奥尼亚路线"分离神与"我们的世界"那一刻起,青年巴门尼德驾着牝马驱车直达神界的时代已一去不返。

余　论

看到苏格拉底的惊骇之状,巴门尼德转而温言抚慰这个颖悟的少年：这是与事物分离的相必然具有的困难，人们会因此认为事物没有相，或者即便有相，也必不为人性所知。唯有天资非凡的人才能认识到物有其类，且有其自在的存在，此外还能教导其他已经透彻地辨析过这些困难的人，这才更令人惊异（134e‐135b）。

[注32]"即便有相，也必不为人性所知"，"物有其类，且有其自在的存在"：《巴门尼德》中尚未明确区分"相"与"类"（γένος，或译作"种"、"属"）的概念，往往二者并用，此处即是"相"、"类"并举的一个例证（另见苏格拉底在挑战环节所云："如果类与相自身具有对立的性质，此足令人称异"，《巴门尼德》129c）。不过，"类"在《智者》中则是柏拉图提出的新哲学（即通常所谓"通种论"）的关键词，篇中主人公爱利亚来客正是以此超越了"我们的父亲"巴门尼德，真正解决了"一"与"多"的难题。"类"这一关键词在《巴门尼德》"论相"部分开始之前（提出"相论"）及结尾处（"相论"被彻底推翻）反复出现（129c，135ab），很值得我们重视：这似乎蕴含着某种爱利亚学派的解决方案，并为此后的《智者》埋下了一个遥远的伏笔（《智者》与《巴门尼德》写作时间大致同时，戏剧时间则相隔五十余年，即前454年/前450年—前399年）。

[注33]"这才更令人惊异"：巴门尼德显然在用对方的语言来引导对方，他的劝导既是夫子自况，也成了苏格拉底日后的人生指针。佛罗伦萨的费奇诺在《巴门尼德》疏解中

至少三次把巴门尼德比作(引导哲人苏格拉底诞生的)接生妇(midwife)(Arthur Farndell, *Ficino On Plato's Parmenides*, chap.16, chap.26, chap.34),众所周知这是苏格拉底母亲的职业,当苏格拉底在晚年遇见酷肖自己的青年泰阿泰德,愉快地自比为对方的接生妇("我的助产术……关心的不是处在分娩剧痛中的身体,而是灵魂"),此后泰阿泰德对苏格拉底展示给他的关于**神**的推论感到"惊异",而苏格拉底宽慰对方"这是由于你还年轻"(《泰阿泰德》150bc,162cd),我们几乎可以确信,此刻循循善诱的苏格拉底,心中一定在回想、在怀念伟大的巴门尼德。

巴门尼德由此引导苏格拉底进入哲学:否认相的存在,将会彻底破坏对话的能力,而舍此则无哲学。有天我听到了你与亚里士多德的谈话,你热衷于谈论美、正义、善等等的相,这种冲动固然是美好的、神圣的,但你还未得到恰当的训练。应在年少之时以"闲谈"之法训练自己,否则真理便会离你而去。苏格拉底追问:这是怎样的一种训练方法? 巴门尼德答道:这就是你从芝诺那里听到的方法(135bcd)。(辩证地)对话(διαλέγω)、哲学(φιλοσοφία)、美的(χαλός)、正义的(δίχαιος)、善的(ἀγαϑός)、神圣的(ϑεῖος),这些令人心潮澎湃的苏格拉底哲学关键词,忽然在这一小段(135cd)空间里喷涌而出。走向哲学的根本方法,是以"闲谈"的方式进行训练——苏格拉底以后成了这方面的大师,而这种训练之法原来就是"你从芝诺那里听到的方法",巴门尼德最后这句话,无论对于苏格拉底还是对于我们,都可谓响若惊雷。此前苏格拉底对芝诺的论文颇为轻视,芝诺回应说这篇文章是"年轻好胜"的产物,这一回答不免令人失望。现在巴门尼德在苏格拉底心悦诚服之际,忽然重提芝诺的论文,这令我们意识到:或许苏格拉底才是那个"年轻好胜"的人,而我们一开始也因为不得不依赖苏格拉底对论文的判断,从而受到了误导,忽略了芝诺论文的意义。芝诺那番谦逊自抑的答辩开头第一句话是:"你说得对,苏格拉底,但你没有认识到我论文的全部真义"(128b)。现在是解开芝诺论文真义的时候了。

　　巴门尼德遂以芝诺的论题为例,向苏格拉底解说哲学训练的门径:不能只考虑某一假设为真,还要考虑其为假又当如何;如芝诺的论题"如果多存在",我们应当探询如果是这样,对于多与一而言有何后果,如果不是这样("多不存在"),对于多与一而言又有何后果;关于似与不似、动与静、生与灭,乃至存在与不存在等题目皆是如此。要之,无论论题为何,都要从两面加以论证,只有经过这种彻底的训练之后,才能把握真理的全貌(135e-136c)。

　　[注34]"不能只考虑某一假设为真,还要考虑其为假又当如何":这个"考虑其为假"的方法即归谬法(reductio ad absurdum),"无论论题为何,都要从两面加以论证":从正反两面加以论证则为辩证法(διαλεκτικός),而辩证法(据哲人亚里士多德说)正是芝诺的发明。古希腊哲学史家第欧根尼记载,哲人泰蒙尝有诗云:"伟大的芝诺,力量无穷,/从两面进

攻,无往不胜"(第欧根尼《名哲言行录》9.25),描述的便是芝诺运用辩证法勇猛无敌的情形。

　　前面提到的芝诺论文"第一个论证中的第一个假设"(即"如果存在是多,它们之间必定既相似又不相似,但这是不可能的,因为不相似的事物不会相似,相似的事物也不会不相似",从而"多不存在",见《巴门尼德》127d－128a)即运用了"考虑其为假"的归谬法,这也是巴门尼德在"论相"环节强化演练的方法。同时,这条假设作为芝诺辩证法的第一个环节,可以想见,接下来的"第二个论证"当为"如果存在不是多",而这正是后文巴门尼德论"一"的基本模式:第一组(论证1~4)"如果一存在";第二组(论证5~8)"如果一不存在"(Robert Turnbull, *Parmenides and Late Philosophy of Plato*,13)。英国古典学者泰勒说,《巴门尼德》是"按照芝诺悖论的同一模式构造的"(A. E. Taylor, *Plato: The Man and his Work*,350),可谓一语中的。

　　巴门尼德这段解说教诲谆谆,不厌其详,是本篇最核心、最透彻,也是最平易的一段"真经"。然而,如《巴门尼德》篇译注者艾伦所说,诸多研究者往往看不到(巴门尼德已经点明的)芝诺悖论与全文论述的联系,结果如陈康先生所见,这成为该篇对话经过了一千几百年的时间,始终是不解之谜的原因(参见前文[注7])。这让人想起了阿拉伯哲人阿尔法拉比(Al-Farabi)讲的修道者的故事:那位修道者径直告诉守城卫士,自己就是他们要抓的人,对方以为他在开玩笑,反而将他放出了城外。施特劳斯说,阿尔法拉比讲的这个修道者就是柏拉图:当柏拉图毫不隐藏地表达一个想法时,人们却认定惯用暗示性言辞的柏拉图表达了某种相异或相反的东西,此即柏拉图著作的秘密之一(阿尔法拉比,《柏拉图的哲学》,178-179)。或许真理总是遮蔽着的,就连敞开也成了一种遮蔽;尽管巴门尼德已将真相和盘托出,还是未能改变《巴门尼德》只能为少数人所知的命运。

（五）插曲　芝诺的笑

巴门尼德向苏格拉底展示了思辨的力量,现在终于要为他开启哲学的大门,就在这时,柏拉图再次宕开笔墨,插入了一段有趣的描写:当苏格拉底真心向学、请问其详,巴门尼德却以年迈相辞。苏格拉底转而求诸芝诺(他不再轻视芝诺了),芝诺笑着说:苏格拉底啊! 这事得求巴门尼德自己。于是芝诺代他请求巴门尼德,皮索多鲁等人心领神会,也跟着一起恳求(歌队开始发挥作用),巴门尼德终于应允(136c-137b)。芝诺为何要笑? 巴门尼德佯称老迈,少年苏格拉底就信以为真。苏格拉底这副天真的模样,在此后的柏拉图对话中休想再次见到。这是柏拉图第二次描写芝诺的笑;第一次是当苏格拉底肆意批评芝诺的论文,芝诺含而不露,与巴门尼德相视而笑。据柏拉图描述,芝诺到访雅典之时,年近四十,身材高大,容颜俊美(《巴门尼德》127a)。一个正值最好年华、温柔含蓄的美男子,这就是柏拉图呈现给我们的芝诺的形象,然而这与文献记载中的芝诺形象差异颇大:据第欧根尼记述,芝诺辩才无敌,性烈如火,蔑视强权,不容轻辱;雅典帝国正当如日中天,他却终生固守家园,拒绝交游权贵,从未到访雅典(在《巴门尼德》中,柏拉图刻意安排芝诺"第一次来雅典"宣讲论文,见127c)。无论在哲学研究还是在政治生活方面,芝诺都具有高贵的品格:他是伟大的哲人,发明了辩证法，传世著作充满了智慧；他也是真的勇士，试图推翻僭主未遂被捕，在审讯时假意招供，引诱对方靠近后咬下他的耳朵，然后咬断自己的舌头啐向僭主，最后被投入石臼活活捣死（第欧根尼《名哲言行录》9.25－29）。世人皆知芝诺心有猛虎，柏拉图却让我们看他细嗅蔷薇：性烈如火的芝诺，面对桀骜不驯的天才少年苏格拉底，爱意温柔、利刃入鞘。人们愈是感怀芝诺杀身成仁的壮烈，他的温柔笑意就越是打动人心。哲人的言（λόγος）即是行（ἔργον）；行是无言之言，言行互相证成。在苏格拉底面前谦退自抑的芝诺，始终在用生命讲述哲学的真义：掌握辩证法是为了追求真理，而非获取世间的强力。柏拉图为何要安排"从未到访雅典"的芝诺与少年苏格拉底相遇？或许在柏拉图心中，唯有伟大的巴门尼德与高尚的芝诺，才配启蒙雅典帝国旷世大哲苏格拉底。

（六）终曲　论"一"：巴门尼德的
八个/九个论证

　　[注35]《巴门尼德》主要有两部分内容：第一部分（127d–136c）论"相"，第二部分（137b–166c）论"一"。《巴门尼德》在全部柏拉图对话中号称"最难"，关键即在于如何理解第二部分及其与前文的关系。论"一"部分体量占全篇四分之三强，整体上是论"相"结尾所述辩证法的一个精深完备的示例，其逻辑整严强大、令人生畏，其结论则自相矛盾、令人困惑。甚至德国古典学大家、"柏拉图的重建者"施莱尔马赫关于本篇的阐释（见其著名的"引论"）都充斥着"无聊的解释"、"令人反感的思想"、"明白无误的诡辩"、"徒劳无益的晦涩"、"最具迷惑性的辩论"、"最恶作剧式的反讽"等出离愤怒的字眼（施莱尔马赫，《论柏拉图对话》，136–149），显然这位"诠释学之父"在诠释《巴门尼德》的过程中遇到了巨大的阻力，看来本篇非特"大众不宜"，对于行家里手也不尽友好。

　　以下我们列表展示巴门尼德关于"一"的系列论证，以便读者对其中强大的逻辑推理及由此产生的自相矛盾的结论有一整体的直观感受。首先需要说明，对于《巴门尼德》的阐释，主要有两种路径，其一为哲学的，另一为神学的，二者各有传统，自成体系，其逻辑推演模式亦存在差异。前者通行的逻辑模式可概括为:一个命题,正反两面论证,四个假设,八个或九个推论(见下表一);后者以新柏拉图派代表人物普罗克洛给出的逻辑模式为例,可概括为:一个命题,正反两面论证,四组六个推论,九个假设(见下表二)。

表一:关于"一"的逻辑推演模式(A 与 C 为对照组,
B 与 D 为对照组)

正面:"如果一存在"(论证 1~4)		反面:"如果一不存在"(论证 5~8)	
A. 假设"如果一存在,一是何性质"	1. 一既不是一,又不存在(一不具任何性质)(137c - 142a)	C. 假设"如果一不存在,一是何性质"	5. 非存在的一既存在又不存在(一具有一切性质)(160b - 163b)
	2. 一既存在,又不存在(一具有一切性质)(142b - 157b)或分为(142b - 155e)(155e - 157b)		6. 非存在的一不分有存在(一不具任何性质)(163b - 164b)
B. 假设"如果一存在,非一的事物是何性质"	3. 非一的事物既分有一,又是多,既类似又不类似自身,既相互类似又不相互类似(非一者具有一切性质)(157b - 159b)	D. 假设"如果一不存在,非一的事物是何性质"	7. 非一的事物既是一,又是多,既类似又不类似自身,既相互类似又不相互类似(非一者具有一切性质)(164b - 165e)
	4. 非一的事物既不分有一,也不是多,既不类似自身,也不不类似自身(非一者不具任何性质)(159b - 160b)		8. 非一的事物既不是一,又不是多,既不类似自身,又不类似自身(非一者不具任何性质)(165e - 166c)

按:如果把上表 A 假设第 2 个推论(142b–157b)分为两个推论(142b–155e,155e–157b),则论证由八个变为九个,如格罗特把巴门尼德的论证分为九个证明/悖论(Demonstrations/Antinomies),认为证明 III(155e–157b)旨在调解证明 I(137c–142a)与证明 II(142b–155e)之间的矛盾(George Grote,*Plato and other Companions*,335),艾伦则将巴门尼德的论证分为四组假设(Hypotheses)九个推论(Deductions),把(155e–157b)部分列为第一组假设的第三个推论(其余各组假设则皆有两个推论),认为本组第二个推论是"从起点再次出发",第三个推论则是从起点"第三次出发"(R. E. Allen,*Plato's Parmenides*,213–214)。但陈康先生坚持认为,(155e–157b)部分讨论的"一"不是第一组推论(137c–142a)讨论的"一",而只是第二组推论(142b–155e)里讨论的"一",从而(155e–157b)部分不是一个独立的推论,而是第二组推论的"附录"(Anhang)(陈康《巴曼尼德斯篇》【注 346】、【注 360】)。泰勒与卡恩也把巴门尼德的论证分为八个假设(Hypotheses),并把(155e–157b)部分列为第二个假设的"附录"(Appendix)(A. E. Taylor,*Plato:The Man and his Work*,361,"Appendix"366;Charles Kahn,*Post-Socratic Dialogue*,18–45,"Appendix"41–42)。要之,据表一的逻辑模式,巴门尼德关于"一"的论证可分为八个或九个推论。

表二:关于X→"一"的逻辑推演模式(前1与
后1为对照组,前2与后2为对照组)

		关于X:四组六个推论(基本逻辑模式)→			关于"一":九个假设	
前两组推论1&2	X存在	1.自身关乎自身何为真	4.自身关乎它者何为真	前五个假设	一存在	1.137c–142a 2.142b–155e 3.155e–157b
		2.自身关乎自身何为假	5.自身关乎它者何为假			
		3.自身关乎自身何为真与假	6.自身关乎它者何为真与假			
	X存在	1.它者关乎它者何为真	4.它者关乎自身何为真		一存在	4.157b–159b 5.159b–160b
		2.它者关乎它者何为假	5.它者关乎自身何为假			
		3.它者关乎它者何为真与假	6.它者关乎自身何为真与假			
后两组推论1&2	X不存在	1.自身关乎自身何为真	4.自身关乎它者何为真	后四个假设	一不存在	6.160b–163b 7.163b–164b
		2.自身关乎自身何为假	5.自身关乎它者何为假			
		3.自身关乎自身何为真与假	6.自身关乎它者何为真与假			
	X不存在	1.它者关乎它者何为真	4.它者关乎自身何为真		一不存在	8.164b–165e 9.165e–166c
		2.它者关乎它者何为假	5.它者关乎自身何为假			
		3.它者关乎它者何为真与假	6.它者关乎自身何为真与假			

(Proclus, *Commentary*, Book V, 352)

按:普罗克洛强调,由于"一"有三种含义(上表假设1、

2、3),"非存在"有两种含义(上表假设 6、7),如果"一"存在,"它者"必有两种可能性(上表假设 4、5),如果"一"不存在,"它者"亦必有两种可能性(上表假设 8、9),因此巴门尼德的"假设的数目必定是九个"(Proclus, *Commentary*, Book VI, 402)。实际上,自新柏拉图派雅典学园创立者普鲁塔克(Plutarch,约 46 年—120 年)以降(Arthur Farndell, *Ficino On Plato's Parmenides*, chap. 51, 88 – 89),至佛罗伦萨柏拉图学园创立者费奇诺(Marsilio Ficino, 1433 年—1499 年)这一脉均采用九个假设的阐释方案,从而与上文陈康的判断(巴门尼德论"一"的推论只能是八组)恰成反对,相映成趣。

无论关于"一"的论证是八个还是九个,解析繁难的逻辑推演过程并非本文旨趣,哲学抑或神学的进路最终都是为了解答一个问题:(柏拉图的)巴门尼德进行这些繁难论证,或用他的话来说,"玩这场费力的游戏"(《巴门尼德》137b),其整体意图到底是什么?

以下巴门尼德的哲学示范正式开始。现场照例由最年轻的人负责对谈(这也是此后苏格拉底对话的基本程式),亚里士多德由于年纪最小,担任了巴门尼德的对谈者(137bc)。七位在场者中(除去不知名的两人),有三位哲人(巴门尼德,芝诺,未来的哲人苏格拉底),两位从政者(皮索多鲁,未来的政客亚里士多德)。皮索多鲁作为芝诺的朋友与学生,一生历经战败放逐的命运考验、党派斗争的政治风暴而得保晚节;对芝诺学说一知半解的亚里士多德,堕落为施行暴政、践踏良善、罔顾正义、恶名昭著的三十僭主之一,最终身名俱灭。芝诺为刺杀僭主决然赴死,而此刻在场受教者中赫然便有一位未来的僭主,柏拉图如此安排,令人嗟呀不已。正是这位亚里士多德,曾在皮索多鲁家中与苏格拉底大谈"美"、"正义"、"善"等崇高的话题(《巴门尼德》135d),并与苏格拉底一起接受了巴门尼德与芝诺的哲学洗礼。哲学是一把危险的双刃剑——就在帝国霸道崛起的时刻,哲学悄然来到雅典城外,走进了少年苏格拉底的心灵,也落入了未来僭主的掌握之中。

正面论证

巴门尼德从关于"一"($\tau\grave{o}\ \overset{\text{‘}}{\epsilon}\nu$)的命题出发,首先从正面"如果一存在"($\epsilon\acute{i}\ \overset{\text{‘}}{\epsilon}\nu\ \overset{\text{‘}}{\epsilon}\sigma\tau\iota\nu$)进行论证,论证分为 A&B 两组,每组分别包括一对推论:

A."如果一存在,一是何性质"

推论 1:巴门尼德从"如果一存在"出发,推导出了"一既不是一,又不存在"(一不具任何性质)这个自身悖谬,又与前提相悖的结论(137c-142a)。

推论 2:巴门尼德再次从"如果一存在"出发,又推导出了"一既存在,又不存在"(一具有一切性质)这个自身悖谬,又与前提相悖,复与推论 1 相悖的结论(142b-157b)。

B."如果一存在,非一的事物是何性质"

推论 3:从"如果一存在"出发,巴门尼德推导出了自身悖

谬,且与 A 组推论 2 相悖的结论:非一的事物既分有一,又是
多,因此具有一切相反的性质,既类似又不类似自身,既相互类
似又不相互类似(非一的事物具有一切性质)(157b－159b)。

推论 4:再论"如果一存在,非一的事物是何性质",这一
次巴门尼德又得出了自身悖谬,且与同组推论 3 相悖的结
论:非一的事物既不分有一,也不是多,既不是类似自身,也
不是不类似自身,既不相互类似,又不是不相互类似(非一的
事物不具任何性质)(159b－160b)。

[注36]总体说来,巴门尼德论"相"部分是"归谬法"的
强化演练,论"一"部分则是"归谬法"加"辩证法"的经典示
范。论证分为正反两面,论证对象则分为自身与对立面
("一"与"非一")两造,两两相对进行论证:在正面论证这半
壁,关乎自身的推论 1 自身悖谬且与同组推论 2 相悖,关乎
自身的推论 2 自身悖谬且与关乎对立面的推论 3 相悖,推论
3 自身悖谬且与同组推论 4 相悖,而关乎对立面的推论 4 自
身悖谬又与关乎自身的推论 1 相悖,重重辩证、环环相悖,行
进如仪、操演如神,令人叹为观止。

在本剧入场(对驳预演)部分,苏格拉底挑战芝诺时说:
如果有人能够证明一本身就是多,多本身就是一,始足令我
感到惊异;如果类与相自身具有对立的性质,此足令人称异;
如果有人能辨明似与不似、一与多、静与动诸相,证明这些自
在的相可以相互结合以及分离,我将对此感到惊异;如果有
人能在相自身或推理把握的对象中演示这一问题,这才更能

令我感到惊异(《巴门尼德》129b－130a)。这一连串的挑战,在当前正面论证部分,特别是通过A组推论2(这一推论体量为其他推论之总和,卡恩称之为"第二部分的核心"、"关于'一'的建设性理论",特意将其置于所有推论之后加以讨论,以便读者在整个系统中认识其特殊的地位,见Charles Kahn, *Post-Socratic Dialogue*, 21, 38－45),全部得到了超出预期的圆满答复。

　　进而,陈康先生认为,柏拉图在B组论证提出了一个新的"相论":在这里个别事物乃是"相"或范畴的结合,这与《斐多》《理想国》诸篇中持"分离"说的相论截然不同,至此相与个别事物的分离,以及"相"或范畴间的分离所引起的困难得到了完满解决(陈康《巴曼尼得斯篇》【注393】)。也就是说,讫至目前,巴门尼德从两造进行正面论证而皆中鹄的,为少年苏格拉底一举解决了"相论"的难题。果如其然,本篇任务应该已经完成,相关论证可以到此为止。然而,事情还远未结束,接下来巴门尼德又从反面进行论证,为证成的论题再次制造反题,人们不禁要问:这种不断自我拆解的论证,到底是何意图? 这,才是本篇真正令人困惑之处。

反面论证

　　巴门尼德继而从"如果一不存在"($εἰ\ μὴ\ ἓν\ μὴ\ ἔστιν$)出发,进行反面论证。论证分为C&D两组,每组也分别包括一对推论:

C."如果一不存在,一是何性质"

推论5:巴门尼德从"如果一不存在"出发,推导出了"非存在的一既存在又不存在"这个自身悖谬,又与前提相悖的结论(一具有一切性质)(160b–163b)。C.5 反 A.2。

推论6:巴门尼德再次从"如果一不存在"出发,又推导出了"非存在的一不分有存在,因此不拥有任何性质"这个与上一推论相悖的结论(一不具任何性质)(163b–164b)。C.6 反A.1。

D."如果一不存在,非一的事物是何性质"

推论7:从"如果一不存在"出发,巴门尼德推导出了自身悖谬,又与推论5相悖的结论:非一的事物既是一,又是多,因此具有一切相反的性质,既类似又不类似自身,既相互类似又不相互类似(非一的事物具有一切性质)(164b–165e)。D.7 反B.3。

推论8:再论"如果一不存在,非一的事物是何性质",这一次巴门尼德又得出了自身悖谬,复与上一个推论相悖的结论:非一的事物既不是一,又不是多,因此具有一切相反的性质,既不是类似自身,又不是不类似自身,既不是相互类似,又不是不相互类似(非一的事物不具任何性质)(165e–166c)。D.8 反 B.4。

[注37] 在反面论证这半壁,我们看到:关乎自身的推论5 自身悖谬且与同组推论6 相悖,关乎自身的推论6 自身悖谬且与关乎对立面的推论8 相悖,关乎对立面的推论7 自身悖谬且与关乎自身的推论5 相悖,关乎对立面的推论8 自身悖谬且与同组推论7 相悖。

现在,将正反两面论证结合起来,这时我们又看到:关乎自身的推论5又与关乎自身的推论2和关乎对立面的推论4相悖,关乎自身的推论6又与关乎自身的推论1和关乎对立面的推论3相悖,关乎对立面的推论7又与关乎自身的推论1和关乎对立面的推论3相悖,关乎对立面的推论8又与关乎自身的推论2和关乎对立面的推论4相悖。

这样一来,最重要的A组推论2(即"关于'一'的建设性理论"),在正面论证部分作为同组推论1的反题,为B组推论3所悖反,并在反面论证环节,再度收获自身的反题(C组推论5与D组推论8);同时,提出了新"相论"的B组推论3与推论4本身就是一对悖论,前者(推论3)作为A组推论2的反题,在正面论证部分为同组推论4所悖反,并在反面论证环节,再度收获自身的反题(C组推论6与D组推论7),后者(推论4)作为同组推论3的反题,在正面论证部分同时构成了A组推论1的反题,并在反面论证环节,两度收获自身的反题(C组推论5与D组推论8);其余论证皆类此(见下表三)。

表三:关于"一"的推论相悖简表(A1 = A组推论1,符号"↕" = "相悖")

A1(正/自身)	A2(正/自身)	B3(正/对立面)	B4(正/对立面)
↕ ↕ ↕ ↕ A2 B4 C6 D7	↕ ↕ ↕ ↕ A1 B3 C5 D8	↕ ↕ ↕ ↕ A2 B4 C6 D7	↕ ↕ ↕ ↕ A1 B3 C5 D8
C5(反/自身)	C6(反/自身)	D7(反/对立面)	D8(反/对立面)
↕ ↕ ↕ ↕ A2 B4 C6 D7	↕ ↕ ↕ ↕ A1 B3 C5 D8	↕ ↕ ↕ ↕ A1 B3 C5 D8	↕ ↕ ↕ ↕ A2 B4 C6 D7

综上，每一个论证，在正反两方面，从自身与对立面两造而言，都会产生四种情况的悖谬：1. 正面论证中自身与自身的悖谬，2. 正面论证中自身与对立面的悖谬，3. 反面论证中自身与自身的悖谬，4. 反面论证中自身与对立面的悖谬。从整体来看，每一个别论证实际上无一成立，包括最核心的"建设性理论"A组推论2与"新相论"B组推论3&4。也就是说，巴门尼德帮助苏格拉底证成"相论"的命题（"一本身就是多，多本身就是一"），看似违背了自身的哲学信念（"一切是一"、"一切不是多"），但上述命题一经证成，转眼便被证伪——证伪不仅来自各方与之对立的辩证命题，还来自这一事实，即证成（自身悖谬的事物）本身便是证伪（此即归谬法之要义），从而巴门尼德帮助苏格拉底证成"相论"的同时，并未违背自身的哲学信念，这可真是令人惊异！

要之，上述哲学操演的结果是，所有推论甫一证成旋即证伪，一切建设全部自我消解净尽，最终只得出一个谬之又谬的结论：无论"一"存在或不存在，"一"与"非一"两造对于自身及对立面而言，都既存在又不存在。此前芝诺说过："这样的讲论大众不宜"，"因为大多数人不会明白，唯有经过所有这些曲折的历程，心灵才能发现真理"（《巴门尼德》136de），当巴门尼德终于带领在场者奋力游过了"浩瀚的逻各斯之海"（《巴门尼德》137a），我们却不禁感到茫然，经过所有这些曲折的历程，究竟得到了什么样的真理?

[注38]《论自然》是爱利亚大哲巴门尼德唯一的著作,该篇以诗体写就,具体说来,是遵循古希腊史诗传统、以荷马式古风英雄格(六音步扬抑格,the archaic hexameter)写作的诗歌。在这部诗作中,巴门尼德讲述了自己乘着马车直达神界,得到女神亲身接引并施予教谕的故事/神话(*mythos*)。这则*mythos*(秘索斯)的风格是"非希腊"式的,它的主体是对女神"神言"的记录,而"神言"本身又是精严的哲学*logos*(逻各斯)。这部作品如此奇特,它是诗,是神话,也是哲学,或者说,它是传达神言的哲学,是关于哲学逻各斯的神话,是秘索斯与逻各斯结盟的英雄史诗。在前苏格拉底哲学家中,以诗歌书写哲学者固有之,如克塞诺芬尼和恩培多克勒(前者是巴门尼德的老师,后者是巴门尼德的追随者,三人都写过题为《论自然》的诗作,形成了一个前后相继的影响链条),以秘索斯书写哲学的作品,就现存文本残篇来看,似乎仅此一例(当然,后来柏拉图将之发扬光大,就此而言,柏拉图才是巴门尼德真正的传人)。

在巴门尼德《论自然》序诗部分,青春时代的哲人驱车穿过神明司掌的大门,女神亲切地向他致以欢迎,握着他的右手对他说道:

"年轻人啊!不朽的驭手伴随你,

25　驾着马车来到我们的居所。

欢迎你,并非邪恶的命运送你来到

这条道路(它确实远离人类的足迹),

而是公平与正义。你应当知悉一切,

既有圆满真理不可动摇的核心,

30　又有有死者的意见,其中缺乏真实的信念。

但你仍要研究它们,这些意见之物

如何通过一切事物而全都是存在。"

(巴门尼德《论自然》残篇1:24-32)

　　这是女神向巴门尼德发出的第一段教谕,其重要性不言而喻。女神首先描述了判然有别的天人二界:一方是"不朽的驭手"、神明的居所、"公平与正义"之路,"圆满真理不可动摇的核心",另一方是"邪恶的命运"、"人类的足迹"、"有死者的意见","缺乏真实的信念"。这是奥古斯丁毫不妥协地二分"神之城"(civitas dei)与"地上之城"(civitas terrena)的先声,也是柏拉图的巴门尼德论"相"(第六轮攻诘)分离"神"与"我们的世界"的出处。

　　进而,女神向巴门尼德指示了两条道路:一条是"存在"之路,它不可能不存在,因为它服务于真理,另一条是"不存在"之路,它必然不能存在,这是一条无解的绝路,因为"你既不可能认识非存在,也不可能言说"(巴门尼德《论自然》残篇2:3-8)——这最终归结为一句箴言:"因为思与存在同一"(巴门尼德《论自然》残篇3),

此为本篇巴门尼德论"相"第三轮攻诘（即"认识问题"）
之所本。

　　女神告诫哲人，要远离"不存在"之路，但接下来还有
一条道路：在这条路上，"无知的有死者"首鼠两端，在
彷徨无助中被裹挟前进，他们既聋且盲，缺乏判断，认为
"存在和不存在既同一，又不同一"；一切路径都是"反转
的"（巴门尼德《论自然》残篇 6：4－9）。按："反转"
（παλίντροπος）一句历来令人费解，David Gallop 将"反转"解
释为"背道而驰"（*Parmenides of Elea*：*Fragments*，135），基尔
克的解释是"自相矛盾"（《前苏格拉底哲学家》，381），
Kathleen Freeman 理解为"对抗的力量"（*Ancilla to the Pre-
Socratic Philosophers*，44）等等，以上解释都贴切地描述了
"无知的有死者"在意见裹挟之下自相悖谬的存在状态。
显然，这第三条暧昧不明的道路（"无知的有死者"之路）
属于"我们的世界"，走在这条路上的世人盲从意见、自相
悖谬，周而复始、徒劳无益，所有路径形成了一个不断回转
的无解的闭环（此为笔者对"反转"一句的释意）；当我们
进一步省察导致人世间"闭环"的关键——世人的意见
（"存在和不存在既同一，又不同一"），此时我们惊讶地发
现，巴门尼德关于"一"的系列推论，总体上即是对于"存
在和不存在既同一，又不同一"最鲜明直接的示例（见下表
四）：

表四：关于"一"的推论→"存在和不存在
既同一，又不同一"演示表

	一存在 –1 A1 一不具任何性质 B3 非一者具有一切 性质	一存在 –2 A2 一具有一切性质 B4 非一者不具任何 性质	
	一不存在 –3 C6 一不具任何性质 D7 非一者具有一切 性质	一不存在 –4 C5 一具有一切性质 D8 非一者不具任何 性质	
2&3： 存在与不存在 不同一	1&3： 存在与不存在 同一	2&4： 存在与不存在 同一	1&4： 存在与不存在 不同一

　　这意味着，巴门尼德关于"一"的系列推论是对"我们的
世界"里"有死者的意见"的抽象演示，或者说，是**理性**对**意
见**的反讽性模仿，无怪乎这些假设及推论甫一证成旋即证
伪，相互抵牾、彼此冲销，最终无一成立、消解殆尽。然而，这
并非只是一场"费力的游戏"，正如巴门尼德证成苏格拉底
"相论"命题（"一本身就是多，多本身就是一"）（A2 推论）本
身即是证伪，他对于"有死者意见"（"存在和不存在既同一，
又不同一"）（全部推论）的证成亦是证伪，而对"有死者意
见"的证伪正是对"神言"的反证："无知的有死者"首鼠两
端，缺乏判断，认为"存在和不存在既同一，又不同一"（巴门
尼德《论自然》残篇6:4－9），而"存在"不可能不存在，"不存
在"必然不能存在（巴门尼德《论自然》残篇2:3－5）。在这
个意义上，这场逻各斯的游戏通向了"存在之路"，"因为它

服务于真理"(巴门尼德《论自然》残篇 2:3-4)。

与此同时,上述论证过程生动地演绎了巴门尼德《论自然》残篇 5 这句残缺的箴言,即"……对我而言是同一起点,我将再次返回那里"(David Gallop 解作"……对我而言起点皆是一,我将再次返回那里",*Parmenides of Elea: Fragments*, 132):从"同一起点"("一")出发—"返回"(πάλιν)(A1 一不具任何性质)—"反转"(παλίντροπος)(A2 一具有一切性质)—"再次返回"(πάλιν αὖϑις)(B3 非一者具有一切性质)—再次"反转"(B4 非一者不具任何性质)……就这样一次次返回同一起点,正如新柏拉图主义大师普罗克洛所见,巴门尼德展开这样的讨论,意在传达"一切存有(being)的统一性",即"它们始于'一',最后又归于'一'的整个进程",辩证法中的划分与分析便是"对存有从'一'出来,又返回到'一'的进程的模仿"(普洛克罗《柏拉图的神学》第九章,21,23)。更重要的是,经过所有这些曲折的历程,哲人忠实履行了女神最初的教诲:

> "但你仍要研究它们,这些意见之物
>
> 如何通过一切事物而全都是存在。"
>
> (巴门尼德《论自然》残篇 1:31-32)

而此时"心灵"终于发现了"真理"。(按:注意芝诺这句话"经过所有这些曲折的历程,心灵才能发现真理"(《巴门尼德》136e)中的"心灵"一词为"νόος",此为阿纳克萨戈拉哲学的标志性用词。)

据海德格尔的洞见,巴门尼德的女神即"真理"女神(按:《论自然》篇中"真理"ἀλήθεια一词始终使用阴性形式ἀληθής),而真理的反面τό ψεῦδος(通常译为"虚假")的真正意涵是"遮蔽",海德格尔因此将之译为"伪装着的遮蔽"(海德格尔,《巴门尼德》,6,30–41)。也就是说,问题或许不在于"真"或"假",而在于"蔽"或"无蔽",或者说,在"伪装着的遮蔽"之下,正是真理本身。在女神对巴门尼德的教导从"真理"转向"意见"的关键时刻,那些曾经令人费解的言辞,至此变得豁然明了:

50   "在这里,我为你停止可信的言辞(*logos*)与思想,
     关乎真理;而来自有死者的意见
     你要学习,并倾听我话语中欺人的秩序。"
     (巴门尼德《论自然》残篇8:50–52)

何以巴门尼德为少年苏格拉底"证成"新的"相论"之后,苏格拉底自巅峰盛年直至暮年仍然坚持最初的"相论"(见《理想国》《斐多》诸篇)?在这里,巴门尼德为苏格拉底停止了"关乎真理"的"可信言辞与思想",颖悟的天才少年在倾听中领会了"话语中欺人的秩序"。人无法逃避在周而复始的"闭环"中永恒轮转的命运,在操演如神的辩证法之后,仍须有巴门尼德那超越的一跃——唯有"不朽的驭手"

才能引领凡人向神界飞升。苏格拉底为之苦思半生的答案不在于任何新的"相论",而在于一个新的神(爱若斯),这是《会饮》的终极奥秘,而《会饮》是所有柏拉图对话的核心。

就这样,哲人以精心编织的悖谬与辩证之网,拖曳着"有死者的意见",勇敢地涉入"浩瀚的逻各斯之海",在自相悖谬与虚无中奋力泅渡,最终登上彼岸见证神言——一切悖谬,终有意义,一切反讽,终结于此一究极反讽之中。

回望来路,巴门尼德论证的"一"并不是"一",他对于"一"的论证才是"一",甚而如是论"一"的巴门尼德自己成了"一"——"因为思与存在同一"。前此苏格拉底在巴门尼德论"相"环节曾发出"惊异"之叹,在巴门尼德论"一"的巅峰时刻却静默无语、肃然以听。直至七十岁那年,苏格拉底回忆起少年时代遇见巴门尼德的情景,仍然充满了敬畏之情:"巴门尼德在我眼中,如荷马所云,'让人既敬且畏'。我遇见他时还非常年轻,而他已在暮年,他是那么深邃而高贵,我担心我们无法理解他的话语,更无法企及这些话语中传达的思想"(《泰阿泰德》183e–184a)。所谓仰之弥高、钻之弥坚,犹天之不可阶而升、如日月无得而逾,或用苏格拉底向泰阿泰德打出的比喻来说——当年那种无以言表的强烈感受,终于在此刻得到了精准表达:巴门尼德即"一"(ἢ ἕνα ὄντα Παρμενίδην,库珀版英译完美对译为:the One——Parmenides)(《泰阿泰德》183e)。

结　语

巴门尼德最后总结陈词:无论一存在或不存在,一与非一的事物,相对于自身以及相对于彼此,都既存在,又不存在。对谈者应声答道:非常正确!（166c）面对这一谬之又谬的最终结论,对谈人毫不犹豫地给予了全盘肯定。在这极致反讽的应答声中,整场精深恢弘的哲学对话戛然结束。德国学者施莱尔马赫对这一结局倍感困惑:"这篇对话有一个如此奇特的中断了的结尾,人们很可能会怀疑这是不是真的结尾",这"显得如此不成比例和幼稚,根本不配为柏拉图的对话"（施莱尔马赫,《论柏拉图对话》,147）。而在我们看来,唯有这至简的回答,才恰可撬动前此至繁的论证;至繁者至谬,而结语以简省至极、反讽至极的两个词("非常正确")尽破之!这一"倒跌"法是典型的柏拉图式的幽默,而幽默感确非德国人之所长。

巴门尼德关于"一"的论证,是一场哲人的极限"游戏"（παιδία）,也是全剧的狂欢终曲（exodus）。如果说《巴门尼德》暗合古希腊喜剧的结构模式,那么它是一部以最高超的喜剧手法,描写最严肃的人类命题,即有死者的意见经由逻各斯归于"一",最终飞升至不朽神界的**神圣喜剧**。《巴门尼德》这场有关"一"的对话,同时也是笼罩全部柏拉图对话的"一"与开端,在伯里克利治下信奉多元价值的雅典帝国到达全盛巅峰的时刻,巴门尼德及其哲学的到来,为帝国日后深陷"一"与"多"之间的思想纷争埋下了伏笔,而苏格拉底身为柏拉图对话的主人公,第一次登台亮相便是作为巴门尼德与芝诺传法的对象,其后的命运亦可知矣。

【落幕 剧终】

（七）回到开场　三重转述中的帝国命运

在本剧开场,凯法劳斯告诉(不知名的)听者,自己与同伴从家乡克拉佐门尼抵达雅典,遇到了旧友阿德曼图斯和格劳孔(柏拉图的两位同胞兄长),大家同去寻访安提丰(柏拉图的异父兄弟),后者转述了雅典将军皮索多鲁多年前向他讲述的、苏格拉底与巴门尼德和芝诺在更久之前完成的对话(126a–127a)。

在柏拉图笔下,公元前454年/前450年泛雅典娜大节庆典期间,爱利亚大哲巴门尼德与芝诺到访帝邦。爱利亚地处"大希腊"版图西边的意大利,是原本生活在小亚细亚的希腊人建立的殖民地。大约在公元前540年,为了躲避波斯帝国的暴政,热爱自由的弗凯亚人(属于希腊伊奥尼亚族)放弃家园,从东方小亚细亚万里漂泊来到西方的意大利半岛定居,建城爱利亚,这称得上是一场埃涅阿斯式的漂流,也是埃涅阿斯式建国伟业的真实再现。按:公元前6世纪,希腊出现了特洛伊英雄埃涅阿斯从小亚细亚漂流到意大利拉丁姆地区建城立国的传说,这一传说出自意大利西西里诗人斯特希克罗斯(Stesichoros of Himera,约前650年—?)手笔,此后成为罗马帝国建国神话(Felix Jacoby, *Die Fragmente der griechischen Historiker*,840F6b)。

公元前499年,波斯帝国爆发伊奥尼亚叛乱——此为希波战争的导火索，希腊世界从古风时代进入了辉煌的古典时代。盛产勇士的弗凯亚（勇士－哲人芝诺便是弗凯亚人）心系故土，从意大利长途奔袭小亚细亚，与族人并肩战斗，抗击暴政。公元前478年，雅典攻陷欧亚交界赫勒斯滂海峡重镇塞斯托斯，将波斯帝国的势力打回东方，同年冬建立提洛同盟，崛起而为西方世界第一个帝国，弗凯亚人建立的城邦爱利亚成为雅典帝国领导的盟邦之一。

希腊意义上的"帝国"绝不仅是一个武力征服的概念，成为"帝国"的同时意味着成为世界的"开端"、"本原"、"首要原则"以及"一"，上述概念可以用同一个希腊语词来表示，此即ἀρχή。按：古希腊的"一"不是数（ἀριϑμός），而是数之"开端"（ἀρχή τοῦ ἀριϑμοῦ），数始于二，不包括"一"，因此数是"多"（陈康《巴曼尼得斯篇》【注251】）。换言之，一个政治共同体要担当世界的本原，为之提供首要原则，方可称之为帝国：它必须"一"，并据之确立统治原则，才能确定世界秩序，统领世界之"多"。

正是在这个意义上，在关于理想国家的著名对话中，苏格拉底这样描述心目中"最强大的城邦"：只要"我们的城邦"按照刚才提出的秩序得到良好的治理，就能成为"最强大的城邦"；只有"我们正在建立的这个城邦"配得上称为"一个城邦"，其他城邦都是"多个城邦，而非一个"，如果视它们为"一"，此则大谬；护卫者要确保我们的城邦自足而为"一"，还要让每位公民各司其职，只承担一项适合自己天性的工作,而非多项工作,这样整个城邦就会是"一"而非"多"(《理想国》422e‐423d)。显然,对话中苏格拉底称之为"天上的模型"的理想国家是一个希腊意义上的帝国,而这个城邦‐帝国的首要原则即是正义。

公元前454年,雅典帝国违背希腊世界的自由价值与理念,悍然将提洛同盟的金库转移到雅典,同年泛雅典娜大节胜利举行。在各邦来贺、普天同庆的繁荣景象之下,雅典的不义行为彻底败坏了帝国肇建之初确立的统治原则,直接堕落为希腊世界憎恶的波斯帝国专制统治的继承者。帝国应当奉行怎样的统治原则?帝国的统治原则("一")与现实世界("多")如何才能真正统一?这成为公元前454年之后雅典帝国的思想者们必须面对的时代命题。苏格拉底是雅典本土诞生的第一位大哲,他的哲学不同于帝国早期盛行的自然哲学,他心系普遍性原则("一")而又关注伦理世界("多"),用哲人亚里士多德的话来说,他是第一个试图为伦理德性寻求普遍定义的哲人(Aristotle, *Metaphysics*: 13. 1078b),而这一思想转向本身深具意味:当西方第一个帝国霸道崛起,关注帝国德性与统治权这一最大的政治哲学问题的哲人应运而生。

当雅典帝国蜕变为新一代暴君的关键时刻,爱利亚大哲‐立法者不远千里,翩然而至。据斯彪西波(柏拉图的外甥与学园继承人)记述,巴门尼德不仅是爱利亚学派的开创者,他还是有着悠久抗暴传统的爱利亚城邦的立法者(第欧根尼

《名哲言行录》9.23），而芝诺不愧为巴门尼德的嫡系传人，在老师去世二十年后不改其志，奋不顾身击杀僭主，用生命证成了老师的教诲。在雅典城外朋友私宅中，伟大的传灯者如锦衣夜行，向少数人开示哲学的究极奥秘；而在没有"一"的世界，强权就是真理。

雅典将军皮索多鲁当初聆听巴门尼德与芝诺和苏格拉底的对话之时，雅典还是举国欢腾的盛世（前454年／前450年）；此后雅典陷于伯罗奔尼撒战争（前431年—前404年），皮索多鲁领军战败被逐（前424年—前414年），待到他流放归来，能够向安提丰（约前426～423年—？）转述这场对话之时，帝国已到了国势急转直下的转折点。① 安提丰青春年少，而皮索多鲁垂垂老矣，伴随帝国一同进入了暮年，最后也许目睹了帝国的末日。见证过帝国昔日辉煌的老人，把从前的巅峰对话讲给年轻人听，或有托付未来之意？

公元前387年，斯巴达与波斯签订《大王和平敕令》，希腊暂时恢复了和平，位于小亚细亚的伊奥尼亚城邦克拉佐门

---

① 柏拉图告诉我们，安提丰是在"μειράκιον"时期听皮索多鲁讲这个对话的（《巴门尼德》126c），有的中译本把"μειράκιον"译作"未成年"，这个译法是不确切的，"μειράκιον"指的是14—21岁之间的男生（See R. Larry Overstreet, "The Greek Concept of the 'Seven Stages of Life' and Its New Testament Significance", *Bulletin for Biblical Research* 19.4, 2009, p. 554），所以将这个词译作"青少年"较为合适。安提丰是柏拉图的弟弟，生于（柏拉图的生年）公元前427年之后，那么他的青少年时期则在公元前413年—前406年之后，而雅典帝国西西里远征全军覆没发生于公元前413年9月，此为帝国走向败亡的转折点。

尼因此能够派遣人员到访雅典。凯法劳斯上一次来雅典,应该是在斯巴达与雅典签订《尼西阿斯合约》之后的和平时期(前421年—前415年),那时安提丰"还只是个孩子($\pi\alpha\hat{\imath}\varsigma$)"(《巴门尼德》126b)。安提丰在青少年时代曾用心研习皮索多鲁传授给他的对话,当凯法劳斯等人突然到访,他仍然能够仅凭记忆当场复述那场艰深的对话,而对话前后辗转复述下来,时间已过去了六十七年(前454年—前387年)。此后凯法劳斯向不知名的听者报告当年那场对话,确切时间、地点已无可考,遥想雅典帝国巅峰时代,更恍如梦中矣。

《大王和平敕令》为希腊带来了暂时的和平,也让波斯重新控制了小亚细亚的希腊城邦,这意味着雅典已无力争霸地中海,目前再无重回巅峰之可能。克拉佐门尼现为波斯辖地,当凯法劳斯等人要求聆听巴门尼德那场对话,安提丰起初表现得"有些犹豫"(《巴门尼德》127a)。然而,他最终还是选择将整个故事和盘托出,当凯法劳斯此后向未知的听众转述安提丰转述的对话之时,这意味着巴门尼德哲学从意大利出发,路经雅典,现在已经登陆小亚细亚。是安提丰,将守护半生的哲学对话送到爱琴海对岸、送到东方;西方第一个帝国已然消逝,帝国登峰时代的哲学犹在自西徂东开枝散叶、生生不息。——当帝国重新回到东方,关于"一"的哲学也随之而去,这才是全剧真正的结局。

【落幕　全剧终】

《普罗泰戈拉》(悲剧模式)

　　《普罗泰戈拉》在全部柏拉图对话当中位列第二,与位列第一的《巴门尼德》恰成反对:随着雅典帝国中后期寡头派与民主派政治力量此消彼长,(同情贵族-寡头派政治立场的)哲人苏格拉底与(支持民主派意识形态的)智者普罗泰戈拉两相对峙,哲学一元论与多元论的斗争方兴未艾。

　　在爱利亚学派后人与苏格拉底的谈话中,巴门尼德被尊称为"我们的父亲"(《智者》241d),在雅典上流阶层的大聚会上,普罗泰戈拉向众人自称"论年纪可以做你们的父亲"(《普罗泰戈拉》317c),这两位"父亲"的精神斗争,贯穿柏拉图戏剧对话始终,是苏格拉底哲学的起点,也是柏拉图世界的开端。

　　《普罗泰戈拉》是柏拉图对话中描述的苏格拉底一生中参与的四次大型对话,或者说智识界大聚会当中的第一次。

这四次大聚会与苏格拉底一生的起落以及雅典帝国的沉浮密切相关,而本次聚会的影响与后果,将在此后三次大聚会(《理想国》《会饮》《斐多》)中渐次呈现。

《普罗泰戈拉》可以说是柏拉图笔下最盛大、最豪华的一次对话,也是最具戏剧性的一次对话。雅典即将走向战争的深渊,却对自身的命运一无所知,首富卡里阿斯的豪宅犹在举行空前的盛会:卡里阿斯是昔日雅典贵族领袖客蒙的甥孙,也是父亲与民主派领袖伯里克利的前妻所生之子,还是雅典民主政权未来领袖阿尔喀比亚德的亲家——这个富豪之家既是雅典两大政治力量交汇之所,又是权力与财富联姻的象征。

成熟时期的苏格拉底在这里第二次亮相,与六七子之间的对话不同,这场对话在场者近百人,普罗泰戈拉、希庇阿斯、普罗狄科等三大智者全部到场,雅典本地发言者除了苏格拉底,还有首富卡里阿斯,以及政坛未来的领袖人物阿尔喀比亚德与克里提阿。在场聆听的年轻人也非等闲之辈,其中有此后的文艺界代表阿伽通、医药界代表厄里克希马库斯、军界代表阿德曼图斯,以及政界代表安德隆;其他年轻人也都出身名门,包括雅典"第一公民"伯里克利的两个儿子,豪门子弟卡尔弥德,贵族青年斐德若与泡塞尼阿斯;此外还有外邦学术界代表安提谟鲁,以及来自厄利斯等各邦的文化访问团体。

正如对话中的希庇阿斯所说:在这座城市最大的也最富

丽堂皇的宅邸里面,全希腊最有智慧的人正相聚于这个智慧之都(《普罗泰戈拉》337de)。这座最大也最豪华的宅邸象征着全盛时期的雅典,两位智识界的王者在此狭路相逢:阿布德拉大智者普罗泰戈拉年届六旬,声誉正隆,处于智识巅峰;本地哲人苏格拉底三十六岁,声名鹊起,正当盛年。周遭世界对雅典的心智发挥着巨大的影响;崛起的雅典正在从智识上反哺并意图领导这个世界。这场较量的实质是,当雅典帝国处于命运的转折点,哪一种哲学堪可为之安身立命? 对话结尾苏格拉底战胜了普罗泰戈拉,成为帝国时代智识界新王者。

当初在场聆听者大都是智者的学生与崇拜者,此后苏格拉底将与新一代外邦智者以及在雅典智者运动(前450年—前400年)中成长起来的本邦第二代智者继续交锋(《理想国》《会饮》),他的哲学将在不断交锋与冲撞中发展壮大,直至新一代哲人在他身后将之带至异邦发扬光大(《斐多》)。

苏格拉底与普罗泰戈拉之间那场对话,是苏格拉底自己在事后不久向不知名的听者亲口转述的。直至三十余年之后(公元前399年),苏格拉底遇到酷肖自己的青年泰阿泰德,不禁忆起早已去世的老对手普罗泰戈拉,并与想象中的对手展开了一番虚拟对话(《泰阿泰德》161b－168c),同时苏格拉底深情回忆起伟大的巴门尼德,两位"父亲"的精神斗争于此再次交汇,当年的巅峰对话犹有不绝回响。

柏拉图对话中有转述对话十篇,其中六篇是由"苏格拉底"自己转述的。这六篇对话分别是《理想国》《卡尔米德》《吕西斯》《厄里克西阿斯》,以及《普罗泰戈拉》与《欧绪德谟》。柏拉图制造的这六篇"苏格拉底自述"中,四篇采取叙述模式(苏格拉底直接讲述此前的对话,无明确言说对象),两篇采取对话模式(苏格拉底在与他人的对话中讲述此前的对话),《普罗泰戈拉》便是对话套对话(main dialogue in frame dialogue)的两篇"苏格拉底自述"之一(另一为《欧绪德谟》)。

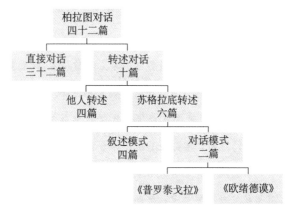

《普罗泰戈拉》开篇,一位不知名的朋友当头便问:"你从哪里来,苏格拉底?不用说,你一定是去追逐阿尔喀比亚德的盛世容颜($\overset{\circ}{\omega}\varrho\alpha$)了"(《普罗泰戈拉》309a),苏格拉底对此供认不讳。这天上午,苏格拉底与普罗泰戈拉进行了一场漫长的对谈,谈话结束后大约下午时分,苏格拉底正是与阿尔喀比亚德在一起。多年以后,阿尔喀比亚德在阿伽通家中,将会回想起自以为苏格拉底迷上了他的盛世容颜($\overset{\circ}{\omega}\varrho\alpha$)

的那个遥远的下午（《会饮》217ab），而苏格拉底离开阿尔喀比亚德之后，遇到了眼前这位朋友，接下来便向他讲述了当天上午自己与普罗泰戈拉的对话。从而，在苏格拉底与朋友的对话（frame dialogue）和苏格拉底与普罗泰戈拉的对话（main dialogue）之间，套夹了一段苏格拉底与阿尔喀比亚德交好的故事。

那段故事究竟如何，本篇一笔带过，并未明言。不过，与本篇前后相继的《阿尔喀比亚德前篇》交代了事情的缘起：在阿尔喀比亚德即将年满二十岁、再有几天就能参与城邦政治生活的时候，苏格拉底果断出手，开始调教这位具有领袖气质的青年，二人自此交好（《阿尔喀比亚德前篇》105ab，123d,135d）；此后，与本篇遥相呼应的《会饮》进一步道出了事情的真相：据阿尔喀比亚德追忆，他与苏格拉底交好后的一个冬夜，二人同榻、披衣而眠，他钻到苏格拉底的外衣下进行色诱，而苏格拉底待他如父如兄、秋毫无犯，在那之后两人一起参加了波提岱亚远征，同生共死、交情日笃（《会饮》219b-221b），至此当年那件往事的完整图景才渐渐浮出水面。

回到《普罗泰戈拉》的场景，开篇第一句话便是朋友打趣苏格拉底的情事（柏拉图对话的第一句话非常重要，通常用以交代对话的整个背景），我们由此判断，柏拉图其实是在婉转地告诉我们：普罗泰戈拉与苏格拉底那场对话，发生在苏格拉底与阿尔喀比亚德交好后，一同参加波提岱亚远征之

前，即公元前 433 年—432 年秋那个时段，此即《普罗泰戈
拉》这篇对话发生的背景时间。①

　　从公元 2—3 世纪开始，有学者对这篇对话中彼此矛盾
的时间线索发出质疑，②有些研究者则对柏拉图的说法深信

---

　　①　在《普罗泰戈拉》开篇，朋友提醒苏格拉底，阿尔喀比亚德已经
长胡子了（意谓对方已不再是 14—20 岁间胡须初萌的青少年，从而已
不宜追求了），并用"νεανίας"一词（古希腊人用以指 21—28 岁间的青年
男子）来指称阿尔喀比亚德，而苏格拉底迤迤然以诗（荷马史诗）为证，
反问对方："青年第一次长出胡须时最为迷人"，阿尔喀比亚德现在不就
是这样的情形？（《普罗泰戈拉》309ab）关于古希腊人的年龄观念，见
R. Larry Overstreet，"The Greek Concept of the 'Seven Stages of Life' and Its
New Testament Significance"，p. 554；关于古希腊人的青少年迷恋以及与
之相关的"蓄须"问题，参见利奇德，《古希腊风化史》，杜昌忠、薛常明
译，海豚出版社，2012 年，"青少年男子与希腊人的审美观"，第 435 -
436 页。可见阿尔喀比亚德此时大约刚过二十岁，稍长于与苏格拉底最
初交好的年纪（即将二十岁），已到了公民可以参加海外远征的法定年
龄（年满二十），在那个与苏格拉底同榻而眠的冬天之后，二人一同参加
了波提岱亚远征（前 432 年春—前 429 年 5 月），待到远征结束，苏格拉
底回到雅典之时，当年对话的参与者、伯里克利的两个儿子已在瘟疫
（前 430 年—前 429 年）中去世，因此《普罗泰戈拉》那场对话，只能发生
在苏格拉底与阿尔喀比亚德交好之后（约前 433 年）及二人出征波提岱
亚之前。又据美国学者朗佩特考证，苏格拉底与阿尔喀比亚德是在前
432 年秋季随军开赴波提岱亚的（《哲学如何成为苏格拉底式的》，戴晓
光、彭磊等译，华夏出版社，2015 年，第 163 - 167 页，第 266 - 269 页），
因此《普罗泰戈拉》的背景时间，大致为公元前 433 年—公元前 432 年
秋之间。
　　②　公元 2—3 世纪希腊学者阿忒纳乌斯认为，《普罗泰戈拉》的时
间叙述有矛盾之处：这篇对话发生在雅典首富希波尼库斯去世、他的儿
子卡里阿斯继承家业之后，而希波尼库斯是在欧波利斯的喜剧《奉承
者》上演（前 421 年）之前不久去世的，从而对话中伯里克利的两个儿子
不可能在此时出现，因为伯里克利当时已死于瘟疫（前 429 年），而他的
两个儿子去世犹在他之前。Athenaeus，The Deipnosophists Or Banquet of
the Learned，trans. by C. D. Yonge，vol. I，London：R. Clay Printer，1854，V.
59，pp. 346 - 347.

不疑,①而直至近百年来研究者们仍对这一问题各执一词、争论不休。② 不过,问题的关键不在于孰是孰非,而在于何以这篇对话流传五六百年之后才开始有人质疑,最清楚状况的时人却对此未置一词? 答案或许很简单:柏拉图当初所写的本就是**戏剧对话**,时人对此心知肚明,后人却随着时间流逝,淡忘了这一常识。

普罗泰戈拉第二次来雅典的真实时间很可能是公元前421年,但那又如何? 柏拉图信手拈来,通过《普罗泰戈拉》开篇朋友的一句打趣,让研究者千百年来聚讼纷纭。而研究者们的争论绝非无用,这令同为探究者的我们猛然醒悟:在柏拉图笔下,即便是"苏格拉底自述",也未见得可靠(甚至格外可疑! 此节我们将在《理想国》《卡尔米德》《吕西斯》《厄里克西阿斯》《欧绪德谟》后续研究中逐一论及)。假作真时真亦假,读者概无奈何;我们转而应当思考这一问题:柏拉图为何一定要让普罗泰戈拉在公元前433/432年来雅典?

公元前433年,雅典召开民众会议,就科西拉-科林斯争端(实质是雅典-斯巴达争霸)进行讨论,时人已意识到伯罗

----

① 如权威的《希腊罗马传记与神话词典》(William Smith, *A Dictionary of Greek and Roman Biography and Mythology*, London: Spottiswoode and Co. ,1848)便是将柏拉图这篇对话作为史料来源之一来撰写"普罗泰戈拉"词条的。

② 美国学者尼尔斯扼要综述了自1924年以来兰姆、莫里森、泰勒、格思里、沃尔什等著名古典学者就此问题的分歧与争论,见 Debra Nails,*The People of Plato*,p.310.

奔尼撒战争势在必然（修昔底德《伯罗奔尼撒战争史》1.31-44）。雅典与斯巴达较量的前景是时人最关心的话题，这在《阿尔喀比亚德前篇》（120a 以下）与《普罗泰戈拉》篇中（342a-343b）都有所反映。公元前 433/432 年，在伯里克利即将对时局做出最终判断与决策的关键时刻，他的老朋友与支持者普罗泰戈拉再次来到了雅典。① 在此之后，雅典对外施行了一系列强硬政策，公元前 432 年春派兵远征波提岱亚，由此引发了导致雅典帝国覆亡的伯罗奔尼撒战争。②

事后回想，苏格拉底参与过的那场远征可以说是雅典帝国由盛而衰的分水岭：此前顾盼自雄、不可一世的帝国，此后急转直下，跌入了战争与瘟疫的坟场，待到公元前 429 年战事结束，苏格拉底九死一生回到雅典，故乡已物是人非（《卡尔米德》），普罗泰戈拉对雅典民主制度的赞美（《普罗泰戈拉》

———————————

① 根据普鲁塔克记述，普罗泰戈拉曾在大瘟疫爆发（前 430 年）前到访雅典，并与伯里克利终日盘桓（*Plutarch's Lives*, vol. 2, trans, by Sir Thomas North, Aldine, Nouse, London: J. M. Dent and Co., 1898, "The Life of Pericles", p. 180）。但这很有可能是普鲁塔克根据柏拉图对话所作的发挥，不能完全采信。不过我们可以想见，如果普罗泰戈拉当时来了雅典，可以为伯里克利推行政策大增人望与助力，无论有无实据，普罗泰戈拉于情理、于形势而言都应该在此时来雅典，此为比事实更真实的"诗性真实"。

② 为了遏制科林斯（实际上是针对斯巴达），公元前 433 年，雅典先是在对波提岱亚（雅典帝国的同盟国）实施强制政策，致使波提岱亚（在斯巴达支持下）爆发叛乱，公元前 432 年，雅典出兵远征波提岱亚的同时，又在伯里克利动议下对麦加拉（斯巴达领导的伯罗奔尼撒同盟国）实施禁令，对当地经济造成了毁灭性打击，从而斯巴达得到了充足的口实向雅典宣战，伯罗奔尼撒战争（前 431 年-前 404 年）由此爆发。

320d–328d) 言犹在耳,这座城市已在为人民领袖的好战决策付出代价。当年苏格拉底与普罗泰戈拉那场对话的亲历者、伯里克利的两个儿子(他们也是普罗泰戈拉的学生)已死于瘟疫,①普罗泰戈拉等三大智者齐聚雅典、致敬这座"智慧之都"(《普罗泰戈拉》337d)的豪华盛况,成了旧梦一场。

普罗泰戈拉上一次来雅典还是在公元前450年前后,伯里克利领导下的民主制帝国正如日中天,雅典的智者运动如火如荼。那时爱利亚大哲巴门尼德与芝诺也曾到访雅典,在城外朋友的私宅中讲论少有解人的艰深哲学,而普罗泰戈拉直入城中设帐教学,与民主气质相得益彰的智术风靡全城。此后十年中,伯里克利大权独揽,对外不断征服扩张,大力兴建海外殖民地,与此同时动用盟邦贡金重修雅典卫城,再造帝国军事重镇佩利乌斯港,此外还将战略目光投向西边的意大利半岛,在公元前443年组织希腊各邦兴建泛希腊殖民地图里,当时大预言家兰蓬、"历史之父"希罗多德,未来的大演说家吕西阿斯纷纷响应号召,奔赴意大利建设图里,而受命为这片帝国"新发地"立法的人,正是大智者普罗泰戈拉。②

---

① 据普鲁塔克记述,伯里克利被免职之后(前430年9月)经历了丧子之痛(*Plutarch's Lives*, vol. 2, "The Life of Pericles", pp. 179–181),公元前429年9月伯里克利本人亦病死于瘟疫,可见他的两个儿子死于公元前430年9月—公元前429年9月期间。

② 据第欧根尼记载,普罗泰戈拉的鼎盛年是在第八十四届奥林匹亚赛会期间(前444年—前441年)(Diogenes Laertius, *Lives of Eminent Philosophers*, Book IX. 56),这一算法想必与普罗泰戈拉担任图里立法者的时间有关。

巧合的是,也是在这一年,雅典贵族派最后的代表人物修昔底德被陶片放逐,民主派领袖伯里克利政坛再无敌手。伯里克利众望所归当选首席将军,此后连选连任(除公元前430年之外)直至去世。十年之后,时值伯里克利第十次担任首席将军,雅典帝国殖民地图里建城十周年,根据柏拉图的记述,声誉正隆的普罗泰戈拉在这个时候再次来到雅典,成为世人眼中智慧与权力合作的成功典范,大批智者亦如影从形、趋之若鹜。与此同时,与普罗泰戈拉同时代的哲人芝诺却做出了与之截然不同的选择:如第欧根尼所记,芝诺蔑视权贵,尽管雅典拥有所有的辉煌,他却从未造访如日中天的帝邦,而是终生固守家园,最后孤身犯险刺杀暴君,在众看客的围观下死于酷刑。正当声誉正隆的普罗泰戈拉再到访雅典之际,苏格拉底出现在智者盘桓之地——雅典首富卡里阿斯家中,同情贵族派政治立场的雅典哲人苏格拉底与支持民主派意识形态的智者群体在此狭路相逢,帝国内部的政治哲学之争从此拉开大幕,同时帝国航船在伯里克利的引领下驶向了未知的前途。研究者通常认为,《普罗泰戈拉》是一部杰出的喜剧,此话不假;不过要把喜剧放在大悲剧中来看,这才是深不可测的柏拉图的恰切读法。

　　苏格拉底迫使他们(悲剧家阿伽通与喜剧家阿里斯托芬)承认,同一个人既能写喜剧又能写悲剧,一个有才华的悲剧诗人也可以是喜剧诗人。

　　　　　　　　　　——柏拉图《会饮》223d

"一"、"多"之争:德性教育与哲学启蒙——讲给普通人的故事[①]

《普罗泰戈拉》核心对话(310a–362a)

时间:前433/432年

地点:苏格拉底家—卡里阿斯宅

人物:发言者

　　希波克拉底(约前450年—?,世家子)

　　苏格拉底(前469年—前399年)

　　一阉人奴隶(卡里阿斯的看门人)

　　卡里阿斯(约前453年—前367年,雅典首富之子)

[①] 按:智者运动对于塑造雅典-希腊-西方思想形态贡献阙伟,我们对这一群体本身并无偏见,在此只是力求呈现柏拉图本篇的意图。

普罗泰戈拉（约前 490 年—约前 420/410 年，阿布德
拉大智者）

希庇阿斯（约前 470 年—约前 385 年，厄利斯大智者）

普洛迪科（前 5 世纪，凯奥斯岛大智者）

克里提阿（约前 460 年—前 403 年，后来的三十僭主领袖）

阿尔喀比亚德（前 451 年—前 404 年，雅典未来政坛领袖）

在场者

1. 跟随普罗泰戈拉的群体：

　　克桑提普（约前 460 年—前 429 年，伯里克利之子）

　　帕拉鲁斯（约前 455 年—前 429 年，伯里克利之子）

　　卡尔弥德（约前 446 年—前 403 年，克里提阿堂弟）

　　菲利皮德斯（约前 450 年—?，富家子）

　　门德的安提谟鲁（生卒年不详，普罗泰戈拉最好的
　　　　学生）

　　一群外邦人

2. 跟随希庇阿斯的群体：

　　厄里克希马库斯（约前 450 年—?，后来的名医）

　　斐德若（约前 444 年—前 393 年，厄里克希马库斯
　　　　的爱人）

　　安德隆（约前 450 年—?，后来的四百寡头成员）

　　厄利斯人及其他外邦人

3. 跟随普罗狄科的群体：

　　泡塞尼阿斯（约前 450 年—?，世家子）

阿伽通(约前444年—前400年,后来的悲剧家,泡塞尼阿斯的爱人)

阿德曼图斯I(生卒年不详,世家子)

阿德曼图斯II(约前450年—?,后来的将军,阿尔喀比亚德的密友)

其他人

转述对话(309a–310a)

时间: 对话结束当天稍后

地点: 某广场

人物: 发言者

　　苏格拉底

　　无名友人

　　在场者

　　无名友人的奴隶

　　其他人

　　苏格拉底在《普罗泰戈拉》篇中第二次亮相,已是当年芝诺来雅典时的年纪。回望《巴门尼德》里的天才少年,时间已经过去了二十一年。过往恍如笼罩在一片大幕之中,柏拉图现在轻轻掀开幕布一角,故事中的人物纷纷走上了前台。

（一）开场　苏格拉底的诳语

【前433/432年，某广场】（事情发生在一天之内，以下各场景略去时间）

　　幕布打开，舞台中央是一片可供休憩闲谈的公共地带。一位不知名的朋友正在打趣苏格拉底（看来已是众所周知）的情事，并友情提醒对方阿尔喀比亚德已经长胡子了（在世人眼中已不宜追求了）。面对这番热心，苏格拉底当即反问：那又如何？荷马曰："青年第一次长出胡须时最为迷人"（出处见《伊利亚特》XXIV. 348，《奥德赛》X. 279），阿尔喀比亚德现在不就是这样的情形？（309ab）直到十七年后，人们才从当事人阿尔喀比亚德那里得知事情的真相（《会饮》219b－221b），而此刻苏格拉底却将传闻当面承认下来，还好整以暇以诗为证自我坐实。也就是说，这篇要由"苏格拉底"本人来担保其真实性的对话，开篇苏格拉底第一句话就是诳语。

　　苏格拉底转而说道：阿尔喀比亚德虽美，但有一个人比他还要美得多，让人往往忘了阿尔喀比亚德的存在（309bc）。稍不留神，苏格拉底在我们眼皮底下又讲了第二个不易察觉的诳语，而只有当我们听他复述完整场对话之后，回头再看才会发现这一点。

　　苏格拉底接着说：最智慧的才是更美的，如果你认为这个词适用于普罗泰戈拉，那么他就是这个世上最智慧的人。

后知后觉的朋友这才知道,普罗泰戈拉已于两天前来到了雅典(309cd)。所谓普罗泰戈拉"最智慧"($\sigma o \varphi \acute{\omega} \tau a \tau o \varsigma$)云云,这显然是苏格拉底的第三个诳语,因为此后他很快就自行推翻了这一说法(《普罗泰戈拉》312a–314b)。从朋友对此的反应来看(迫切希望听到苏格拉底与普罗泰戈拉的对话,并立即让随行家奴给苏格拉底让座),可见他不属于雅典社会核心阶层(否则早该知道这一重大信息),但至少是家底殷实、渴望求知的体面公民,由此亦足见普罗泰戈拉在雅典民众中的影响力。

成熟时期的苏格拉底甫一亮相,便向雅典人(demos)连讲了三个诳语,当年《巴门尼德》中那个青涩的少年已不复存在。而朋友对此全无觉察,胃口已被高高吊起,一心只想倾听这场难得一遇的对话。明明是自己想说,变成了对方想听,于是两人很有礼貌的互致谢意,以下苏格拉底的转述正式开始(310a)。面对这样一个理解力颇为有限的常人,苏格拉底的转述到底在多大程度上可以信赖,叫人疑虑暗生。无论如何,我们已经发觉,《巴门尼德》的谈话不宜当着大众讲,而《普罗泰戈拉》的对话却就是要说给大众听的。

【苏格拉底家】

苏格拉底说:今早破晓时分,希波克拉底用棍子敲开我家大门直奔卧室,无比激动地宣布普罗泰戈拉已经来雅典的好消息,我奇怪他怎么才知道此事,他说因为自己到欧诺厄抓捕逃奴去了,昨晚方才回来(310abcd)。这位希波克拉底何许人也?经美国学者尼尔斯考证,此人很可能是伯里克利的外甥,这解释了何以苏格拉底后来向普罗泰戈拉介绍他时,说他"所属的家族伟大而显赫","他的自然禀赋绝不亚于任何一个同代人(《普罗泰戈拉》316b)"(Debra Nails,*The People of Plato*,169–170)。或许尼尔斯考证无误,但问题在于,说到"自然禀赋"(φύσις),这位希波克拉底表现得实在过于平庸:破晓时分用棍子敲开别人家大门,直入内室大呼小叫,怎么看也不像世家子弟;自己的贴身小厮(παῖς:指家僮一类的奴隶)尚且管理不善,远程抓捕(欧诺厄:从雅典去太阳神圣地德尔菲的必经之地,地处阿提卡与波奥提亚边界,当地亦有一座太阳神庙,奴隶逃亡至此以寻求庇护)竟然半途而废(《普罗泰戈拉》310c),从这几点我们已可看出,此人即便属于雅典社会核心阶层,就其"自然禀赋"而言,实是核心阶层里的普通人。实际上316b这一句,正是破解苏格拉底第二个诳语的关键,我们留待下文再谈。

希波克拉底说:普罗泰戈拉是唯一有智慧的人,虽然我从未见过他,但愿意倾家荡产跟着他学习,因为每个人都在赞扬他,说他讲话最有智慧,因此希望你为我去和普罗泰戈拉谈谈(310de)。希波克拉底这番话,很可代表雅典民众的意见,他迫切希望见到普罗泰戈拉的心情,正在倾听转述的朋友最能体会。

苏格拉底没有立刻让他如愿,而是先给希波克拉底来了一堂课前辅导。苏格拉底要对方回答两个问题:普罗泰戈拉是什么人? 通过与他交往,你想成为什么样的人? 希波克拉底顿时面红耳赤,为自己想成为一名智者而感到羞耻(311d－312a)。

[注1]按说希波克拉底此时不该脸红。智者群体在雅典公众当中名声败坏,是十年之后才会发生的事情:阿里斯托芬讽刺智者的喜剧《云》上演于公元前423年,只得了末奖,而优波利斯讽刺智者的喜剧《奉承者》(场景也在卡里阿斯家)上演于公元前421年,这一回得了头奖——戏剧竞赛的名次是民意测验的重要指标,民众对智者的态度何以在这两年之内急转直下,这才是值得我们加以探究的问题。较真来说,希波克拉底的"脸红"属于时代错误,不过我们完全理解,这番说辞意在敲打正在倾听的朋友(同时也是在说给我们这些观众听):你对普罗泰戈拉等智者如此热衷,难道不感到脸红吗?

苏格拉底继续对希波克拉底说:你求学的目的,不是学一门技艺、成为一名匠人,而是为了接受教化、成为自由的个人(ἰδιώτης,指与城邦相对、不担任公职、无职业技术的私人个体);后者立刻表示同意(312b)。

[注2]苏格拉底这番话真有些"君子不器"的意思(Lamb,Stanley Lombardo,Karen Bell等英译者则直接使用本土资源中的gentleman一词来对译之,足见"东海西海,心理攸同"),姑且不论这一期许希波克拉底是否当得起,他不假

思索表示认同，本身便颇具反讽意味：苏格拉底鼓励他成为的这种人（苏格拉底自己就是这种人的代表），正是伯里克利公开批判的一类人（见伯里克利"阵亡将士葬礼演说"，修昔底德《伯罗奔尼撒战争史》2.40.2）——如果希波克拉底真的是伯里克利的外甥，那么苏格拉底在争夺青年方面，已经直入他母舅的内室了。

苏格拉底进而严肃告诫对方：你不知道智者教授的是什么样的知识，就把自己的灵魂托付给他，这样做何其危险！智者不过是批发零售灵魂食粮的商贩，他们带着各种各样的知识周游列邦，对待售的货色自卖自夸，我们可一定不能上当受骗。希波克拉底终于意识到了自己的轻率；二人统一认识之后，苏格拉底这才带他启程（312c–314c）。苏格拉底对智者的批判不可不谓严厉，这和刚才对朋友所讲的赞美之辞（《普罗泰戈拉》309cd）正相抵牾；不知这位朋友此时听到这话心作何想？苏格拉底引导希波克拉底的过程，同时也是引导广场上的朋友的过程。接触智者之前的免疫针已然打好，课前辅导圆满结束。

（二）进场　苏格拉底游地府

【卡里阿斯家大门口】

二人来到卡里阿斯家的大门口,这时出现了喜剧性的一幕:由于大批智者到来,看门人(一个阉奴)不胜其烦,以为他们也是智者,便砰地一声关上大门,态度粗暴地不许他们通过;经过一番耐心解释与劝说,二人这才进得门来(314cde)。这一段表面上写的是看门人,实际上是在写主人:阉奴是波斯、埃及等君主专制国家的特产(希腊人自己是不生产阉奴的),好比柏拉图的继父皮里兰佩蓄养了一对贵逾赛马的亚洲孔雀,异域进口的阉奴也是一种彰显主人身份的"奢侈品",本来这种人的性情会相对温顺一些,可一旦成了首富家的看门人,就连阉奴的脾气都会变火爆哩。与希波克拉底直入苏格拉底内室相比,仅是进入卡里阿斯家的大门都颇费周折——此时希波克拉底怎地不用棍子敲开大门了?

【卡里阿斯家内院】

苏格拉底与希波克拉底进到内庭,现场一片嘈杂扰攘,三大智者正在各自信众的簇拥中讲经说法(314e－316a)。这一场景极具喜剧意味,以下柏拉图一边揶揄三大智者,一边顺手将他们的追随者一一点名。点名的意义在于,我们日后将与这些人物再度相遇,回想起他们曾经站在谁的身边,便可明白他们受到过怎样的影响,比如《会饮》中的阿伽通,他的讲辞堆砌辞藻、空洞无物,苏格拉底深厌之,对这个年轻人进行了罕见的严厉批评——就是这位阿伽通,现在正和其他人围坐在酷爱玩弄辞藻的大智者普罗狄科身边。此外这些被点名的人物还承担着一项功能,他们以及其他追随三大智者的无名部众,在此充任了为各自偶像帮腔的"歌队"角色。

只见普罗泰戈拉正在门廊里散步,人群亦步亦趋,一边是豪宅主人-雅典首富卡里阿斯本人、伯里克利的儿子帕拉鲁斯、世家子弟卡尔米德,另一边是伯里克利的另一个儿子克桑提普、富家子弟菲利皮德、普罗泰戈最好的学生安提谟鲁,还有一些外邦人以及雅典本地人小心翼翼紧随其后,大家秩序井然,队形整齐,美不胜收(314e‑315b)。

[注3]伯里克利虽未到场,但普罗泰戈拉及其身边的这几个人足以使我们想起他来:普罗泰戈拉是他的密友,也是他儿子的老师,他的两个儿子现在就围绕在普罗泰戈拉身边,还有两人的同母兄弟——雅典首富卡里阿斯此时也和他们一起站在普罗泰戈拉一边,而站在普罗泰戈拉一边,实际上就是站在伯里克利一边。卡里阿斯的祖父是昔日贵族派领袖客蒙的妹夫,也是客蒙之后下一任贵族派领袖修昔底德的连襟(修昔底德娶了客蒙的另一个妹妹),卡里阿斯家族通过与当时得势的贵族派联姻,获得了稳定的政治地位;客蒙死后,贵族派失势,这时卡里阿斯的父亲成了伯里克利的

亲密战友,此后娶了伯里克利的前妻,由此与伯里克利家族建立了牢固的关系(国人或许不太能够理解这种建立联系的方式),从而卡里阿斯与伯里克利的两个儿子乃是一母所出;后来伯里克利的义子阿尔喀比亚德崛起为政坛第一人,卡里阿斯又将妹妹嫁给阿尔喀比亚德,成了后者的妻兄;此后卡里阿斯的儿子又娶了姑父阿尔喀比亚德的女儿,几代人的关系盘根错节,亲上加亲。总而言之,首富之家是雅典政治与经济力量交汇之所,也是权力与财富联姻的象征。总而言之,顶级财富一定要与最高权力联盟,或者说,要永远站在权力一边,这是卡里阿斯的家族智慧,也是他个人的必然选择。

苏格拉底继续说道:"我又认出"(出处见《奥德赛》XI.601:"我又认出力大无穷的赫拉克勒斯")希庇阿斯高踞在对面门廊的座位之上,世家子弟厄里克希马库斯、斐德若、安德隆等人围坐在他身边,此外还有一些他自己城邦(厄里斯)的同胞和其他外邦人。大家向他提问,希庇阿斯则逐一给出权威解答(315bc)。柏拉图在这里幽了一默,借用荷马史诗当中奥德修斯下地府的典故,将大批智者盘桓的卡里阿斯家比作冥界,苏格拉底则成了辨认地府幽魂的奥德修斯。

"我又看见坦塔罗斯"(出处见《奥德赛》XI.582:"我又看见坦塔罗斯在那里忍受酷刑")——苏格拉底继续游地府,接下来瞧见了普罗狄科,只见他倚在床上,世家子弟泡塞尼阿斯、阿伽通和两位阿德曼图斯,还有其他一些人围绕在他身旁(315cde)。

[注4]希庇阿斯是地府里的赫拉克勒斯,普罗狄科是坦塔罗斯,柏拉图唯独不说普罗泰戈拉是哪一位。古典学者郎佩特指出,坦塔罗斯是奥德修斯在冥界认出的第二十四个魂影,而赫拉克勒斯是奥德修斯认出的二十六个魂影中的最后一个,从而普罗泰戈拉就是第二十五个魂影西绪福斯:这个智慧之人因为诋毁诸神而遭到了神明的惩罚,而普罗泰戈拉正是由于不信神明,最后被雅典人以渎神的罪名逐出了城邦(郎佩特,《哲学如何成为苏格拉底式的》,39)。柏拉图对话处处暗藏玄机,出色的研究者往往都成了郎佩特这样的解谜高手。

苏格拉底刚进来,阿尔喀比亚德便接踵而至,与他一同前来的还有克里提阿。看到这一切之后,苏格拉底便朝普罗泰戈拉走去(316a)。

[注5]接踵而至的这两个青年非同小可,实际上他们是当时雅典政坛未来领袖的热门人选:一个是伯里克利的义子,后来的雅典民主政权掌舵人;另一个是柏拉图的堂舅,此后的雅典三十僭主领袖。在伯里克利(政坛第一人)缺席的情况下,这两个青年才是雅典帝国(政治-财富-智识)核心阶层的政界担当。我们发现,当前这场对话的场景具有鲜明的新旧交替的性质:刚刚继承了父亲家产的年轻首富,顺理成章地站在了当前的政界与智识界领袖一边;新崛起的雅典哲人要与老一代智者公开交锋,问鼎当代智识界的王座;政坛未来的领导人物,一如智识界密切关注雅典政坛的未来走

向,也在敏锐地跟踪着智识界的最新动态。随着这两个青年
最后登台,主角已全部到齐,这时苏格拉底直奔普罗泰戈拉
而去,好戏即将上演。

（三）第一场/第一回合　"大演说"的威力

苏格拉底朝普罗泰戈拉走去,向他隆重介绍希波克拉底:"他所属的家族伟大而显赫,他的自然禀赋绝不亚于任何一个同代人。我想他渴望在这个城邦中获得声望,并相信跟着你才能最好地实现这一愿望"(316bc)。苏格拉底这番话显然过于夸张。在场的年轻人,特别是最后进来的这两位,哪一个不是出身名门、天资不凡? 比如普罗泰戈拉身边的卡尔米德(柏拉图的亲娘舅,未来的佩利乌斯港十僭主之一),希庇阿斯身边的安德隆(日后的四百寡头成员)和厄里克西马库斯(此后的名医),普罗狄科身边的阿伽通(将来的悲剧家)和阿德曼图斯(后来的将军)等等,作为政界、军界、文艺界、医药界新一辈代表人物纷纷到场亮相,若论"自然禀赋",哪里就轮到希波克拉底了呢? 更加可疑的是,苏格拉底说他"渴望在这个城邦中获得声望",此前我们并未看到这个年轻人向苏格拉底表达过这样的意愿,倒是在场者中怀有这种愿望的不乏其人,而要想在这帮人中间脱颖而出,大概非阿尔喀比亚德与克里提阿而不办。苏格拉底这番开场白,恰好就讲在阿尔喀比亚德和克里提阿二人刚刚进来之后:这两人现在的内心活动,观众自行体会可也。

本来普罗泰戈拉一见到苏格拉底,第一句话就问他愿意私下谈还是当众谈? 可苏格拉底说完上面那番话之后,把选择对话方式的主动权又抛了回来。普罗泰戈拉闻言大悦,和苏格拉底讲了好些体己的话,表示愿意当众指教这个青年(316b-317c)。从普罗泰戈拉一开始的提议(私下谈还是当众谈)来看,他对苏格拉底的套路相当了解。而苏格拉底深知对方的心理,用希波克拉底做诱饵,把选择的主动权又还给了对方,而对方果然选择了苏格拉底心中的那个选项(当众谈),结果被苏格拉底给反套路了。普罗泰戈拉刚刚才跟苏格拉底说过体己话:一个异邦人进入伟大的城邦,不得不百般谨慎,以免落入圈套(316cd),话音甫落,普罗泰戈拉一个不慎,已落入苏格拉底彀中。

苏格拉底犹嫌不足,提议把另两大智者和追随他们的人也请来,普罗泰戈拉正中下怀、欣然同意。在场者兴致勃勃围成圆圈就坐,众人瞩目之下普罗泰戈拉与苏格拉底的对谈正式开始。苏格拉底再次替希波克拉底表明来意,普罗泰戈拉随即说了一段广告词儿似的东西:年轻人,如果你跟着我,和我待一天,回家时就会变得更好,第二天也同样,你会变得越来越好(318a)。有意思的是,此前激动万分要来见普罗泰戈拉的这个年轻人,现在却一言不发。于是苏格拉底接过话头问道:说说看,他在什么方面会变得更好啊? 普罗泰戈拉说:其他智者教给学生们的都不过是些技艺(τέχνη)(说着瞧了希庇阿斯一眼),而在我这里,他可以学到想学的东西,即妥善打理家庭事务与城邦事务,既可齐家,又可充分实现城邦治理所需的行事与言谈的能力(318b-319a)。此前苏格拉底曾对希波克拉底说：你求学的目的，不是学一门技艺（τέχνη），成为一名匠人，而是为了接受教化，成为自由的个人（《普罗泰戈拉》312b）。看起来，普罗泰戈拉与苏格拉底对于教育的目的"不是什么"（不是习得某种技艺）意见一致，而对于其"是什么"存在分歧：普罗泰戈拉强调人的家庭属性与城邦属性，而苏格拉底注重的是人本身。

听完这番话，苏格拉底总结说：不知我是否跟上了你的思路，你说的是致力于造就好公民的那种政治技艺（τὴν πολιτικὴν τέχνην）？普罗泰戈拉答道：苏格拉底，我正是此意（319a）。普罗泰戈拉回答得太快了（再一次不够审慎）。因为他刚刚讽刺了其他智者教的不过是些技艺（还用一个眼神顺手打了希庇阿斯一枪），现在却承认自己教的无非也是一门技艺（政治技艺）。

此时苏格拉底率尔直言：如果你真的掌握了这门技艺，固然好，但我认为这恐怕是不可教的。比如雅典召开公民大会，涉及技艺方面的事务，自有专业人员给出建议，可一旦关乎城邦治理，则无论贫富贵贱，人人都可以提出建议，可见这种事情不是教出来的（319abcd）。苏格拉底这几句话的厉害之处在于，实际上他既否认了城邦治理是一种技艺，又认为其不可教，从而直接取消了普罗泰戈拉毕生致力之事业的存在理由。普罗泰戈拉还未及回应，苏格拉底又进一步举例说明：即便是我们城邦最智慧、最优秀的同胞也无法将这种（治理城邦的）德性传授给他人，例如伯里克利对自己的两个儿子放任自流,对阿尔喀比亚德的弟弟(伯里克利是他的监护人)束手无策,诸如此类的例子所在多有,因此我认为这种德性是不可教的。不过,既然你认为德性可教,那么就请你不吝赐教吧(319e–320c)。伯里克利的两个儿子就在现场,阿尔喀比亚德也在现场(伯里克利是他们兄弟的监护人),苏格拉底当着他们和主人卡里阿斯(伯里克利儿子的同母兄弟)与主宾普罗泰戈拉(伯里克利儿子的老师)的面,举了这么一个"养不教,父之过,教不严,师之惰"的例子,相当于擒贼擒王,把在场的伯里克利圈里人一网打尽。在这个刺激的例子干扰之下,我们几乎忽略了更重要的一点,即苏格拉底此刻已经悄然转移了论题。前面说到,苏格拉底并不认为治理城邦是一种技艺,那么在他看来是什么呢?答案此时已然出现:城邦治理乃是一种德性。苏格拉底前后两段话的潜台词是:技艺可教,而德性不可教,正因为城邦治理是一种德性,所以这种事情不是教出来的。从而,在场者不知不觉之中,论题已从"城邦治理作为技艺($\tau\dot{\eta}\nu$ $\tau\acute{\epsilon}\chi\nu\eta\nu$)是否可教"变成了"城邦治理作为德性($\tau\dot{\eta}\nu$ $\dot{\alpha}\varrho\epsilon\tau\dot{\eta}\nu$)是否可教",紧接着苏格拉底(不容对方喘息)直接请普罗泰戈拉解释这种德性何以可教——面对雅典哲人如此凌厉的攻势,百般小心的异邦智者该如何应对?

只见普罗泰戈拉不慌不忙答道:我自会不吝赐教。不过,我应该用哪种方式向大家解释呢,是以老年人给年轻人讲神话故事($\mu\tilde{\upsilon}\vartheta o\varsigma$)的方式,还是用逐步论证的方式?

(320c)普罗泰戈拉不愧是当世第一大智者，处变不惊，表现得从容不迫，甚至还好整以暇地再一次请他人来决定谈话方式。坐在他身边的听众立刻表示，无论他愿意用哪种方式都可以，于是普罗泰戈拉从神话故事讲起，当场制作了一篇宏大的讲辞（以下为撮要）：

话说昔日只有诸神，没有凡间的生灵。诸神造出生灵之后，指派普罗米修斯与厄庇墨透斯给它们分配适宜的力量。厄庇墨透斯不慎把力量都分配给了野兽，什么也没有给人留下。于是普罗米修斯从赫淮斯托斯和雅典娜那里偷来火与技艺的智慧，赋予了人类。人类有了生存的智慧，却缺乏政治智慧（由宙斯保管）。

人类通过技艺取得了生存的手段，却仍不足以与野兽作战，他们为求自保，不得不群居而建立了城市。但由于缺乏政治技艺，他们在一起后又彼此为害，重新陷入了分散与毁灭的状态。宙斯因此派遣赫尔墨斯来到人间，把敬畏①与正义带给人类，以此建立友爱的纽带

---

① "敬畏"原词为"*aἰδώς*"，这个词是"恶名昭著地最难翻译的古希腊语词之一"（*Aidos: The Psychology and Ethics of Honour and Shame in Ancient Greek Literature* 一书作者 Douglas L. Cairns 语）。该词主要有三种义涵，需根据上下文给出对译：1. 虔敬（敬畏神明），此意多见于荷马史诗，例如 Iliad XV. 128 - 9, XXIV. 44 - 5, Odyssey VIII. 172 等；2. 尊敬（尊重他人以及自尊），例见 Theognis 1266, Aeschylus, *Persians* 699, Euripides, *Heracleidae* 460 等；以及 3.（由于外界或良知的压力而产生的）羞耻感，见于荷马史诗，如 Iliad XV. 561, 657, 661, 亦广泛见于荷（转下页注）

与城市秩序。赫尔墨斯问道:正义与敬畏应该像分配技
艺那样只分配给少数人,还是分配给所有人? 宙斯答

(接上页注)马史诗之后的经典文本,如 Herodotus, *Histories* 1. 8,
Thucydides, *The Peloponnesian War* 1. 84, Aeschylus, *Suppliant Women* 579,
Euripides, *The Suppliants* 911 等等。

值得注意的是,当"*αἰδώς*"与"*δίκη*"(正义)作为一组词汇并列出现
(在普罗泰戈拉"大演说"中便是如此),见赫西俄德*Works and Days* 192 -
193,忒奥格尼斯291f,937f 等经典例证,这时二者往往代表了"人类社
会与文明生活的守护精神与根本条件",意味着"对于神明以及人类律
法的敬畏", *Plato's Protagoras With The Commentary Of Hermann Sauppe*,
trans. by James A. Towle, Ginn & Company, 1889, p. 68。我们据此将普罗
泰戈拉"大演说"中的"*αἰδώς*"暂译为"敬畏",庶几可以涵盖1. 虔敬, 2.
尊敬, 3. 羞耻感等几种义涵。

从"*αἰδώς*"一词的1. 虔敬(敬畏神明)之意多见于荷马史诗来看,这
一义项或许是(相对于荷马而言的)后世不复流行的原初义涵,英译者多
将普罗泰戈拉"大演说"中的"*αἰδώς*"一词译为2. 尊敬(respect,如 Lamb,
Plato in Twelve Volumes, Vol. 3),尊重(reverence,如 Jowett, *Works of Plato*,
Vol. 1),或 3. 羞耻感(a sense of shame,如 Stanley Lombardo & Karen Bell,
Plato Complete Works)等。Douglas L. Cairns 曾就"*αἰδώς*"这一关键词完成
一部专著,该书按照各经典文本出现的历史顺序,探讨了其中"*αἰδώς*"一
词义涵的延续与变化,并辟有专门章节(6. 2 普罗泰戈拉与道德教育)讨
论该词在《普罗泰戈拉》中的所指:由于柏拉图笔下的那个"普罗泰戈拉"
过于强调来自外界的制裁与惩罚,使得这里的"*αἰδώς*"一词倾向于显示为
一种对于外界制裁的反应(Douglas L. Cairns, *Aidos: The Psychology and
Ethics of Honour and Shame in Ancient Greek Literature*, Oxford: Clarendon
Press, 1993, pp. 355 - 359),从而这里的"*αἰδώς*"的义涵实际上更接近3. 羞
耻感(我们或可借用本土传统资源,译作"羞恶之心")。

也就是说,柏拉图笔下的"普罗泰戈拉"沿袭传统做法,将"*αἰδώς*"
与"*δίκη*"并举,设定其为宙斯为人类所立之法,但从其后续阐释来看,
"*αἰδώς*"的性质完全基于来自人类社会的制裁与惩罚,该词的"虔敬"之
义实际上已被暗中抛弃。考虑到历史上的普罗泰戈拉著名的"无神论"
倾向(见普氏残篇"关于诸神,我既不知道他们是否存在,也不知道他们
是什么样子……"DK 80 B4),柏拉图对于普罗泰戈拉及其思想的描述
符合逻辑。之后我们将会看到,苏格拉底对普罗泰戈拉暗渡陈仓的干
法不以为然,转而使用一个不带含混之义的词汇(*ὁσιότης*)来强调"虔
敬"这一德性(329c),这一词之差既是针锋相对的思想斗争,亦代表了
苏格拉底回到"*αἰδώς*"原初之义的努力。

曰：分配给所有人；如果只有少数人享有这些技艺，那么城市就无法存在。进而宙斯要求赫尔墨斯为人类立法，如果有人不具备这两种东西，就应把他处死，因为这种人是城邦的祸害。

"就是这样，苏格拉底"，普罗泰戈拉继续说道：雅典人和其他人一样，有关技艺方面的事务，自会听从行家的建议，但如果关乎政治德性，他们会听取所有人的意见，因为他们认为每个人都必然拥有这种德性，否则城邦就不能存在。事实上所有人都相信每个人都拥有正义及其他政治德性，就此我们不乏证据：每个人无论正义与否，都必定声称自己是正义的，如果谁不让自己显得正义，那他一定是疯了。

但是，政治德性并不是天生与自发的，而是后天习得、努力培养出来的。有些品质(比如美)是天生的，有些品质(比如正义、虔敬等德性)则是通过努力学习得来的，没有人会训诫丑的人，却会惩罚不正义、不虔敬的人，这显然是因为政治德性可以靠努力学习来获得，而惩罚是为了起到威慑作用，以免将来发生同样的事情。

政治德性人所共享，如果一个人缺乏这种德性，就必须接受惩罚改过自新，如果拒绝接受惩罚，则必须将之从城邦驱逐出去，或被当作不可救药者处死。因此，有德性的人会全力培养儿子们的政治德性，城邦也会强制他们学习礼法，不让他们随心所欲任意行动，强制他们按照礼法来统治和被统治,谁要是特立独行,城邦就会惩罚他,这就是法律的矫正。

至于有德性的人何以教不好自己的儿子,以吹笛子这门技艺为例,吹笛高手也会生出天资平平的儿子,但无论其多么平庸,总会好过根本不懂吹笛的人。生在礼法的世界,无论一个人在你看来多么不义,这人很可能还是个正义的行家呢。苏格拉底,你被宠坏啦。所有人都是德性的教师,大家都在尽力而为,而你却看不到这一点。让已经懂行的人进一步增进德性是不容易的,而我就是这样的人之一。我已经证明了德性可教,也说明了父亲优秀、儿子可以一无是处;此外,现在这样责备帕拉鲁斯和克桑提普并不合适,毕竟他们还年轻,还有希望(320c－328d)。

[注6]这番雄辩的讲辞,即是著名的普罗泰戈拉"大演说"(the Grand Speech)。这篇演说在全部柏拉图对话中地位至关重要:它第一个改写了传统的创世神话,同时也是后世"社会契约论"的开山始祖。柏拉图对话中有三大新创世神话(全都出自"异邦人"之口),此即其中的第一个版本。这个版本逆转了以往创世神话(如赫西俄德的《工作与时日》与埃斯库罗斯的《普罗米修斯》)中普罗米修斯与宙斯的角色功能:在普罗泰戈拉这里,拯救人类的英雄普罗米修斯其实仅在较低级的层面上保障了人类的生存(带给了人类在

"自然状态"下所需的"生存智慧"），而原本对人类充满恶意的宙斯才在更高层次上保障了人类及其社会的存在（赋予了人类在"社会状态"下所需的"政治智慧"）。要之，从"自然状态"进入"社会状态"是人类为求"自保"的产物，如果没有相关法则的束缚，人类便会相互为害而重新堕入"自然状态"——这套说法简直是霍布斯式自然法理论的前身，而"正义与敬畏"即是普罗泰戈拉为人类社会确立的第一条"自然法"（不要忘记，他可是帝国殖民地图里城的立法者）。

普罗泰戈拉确立的这条"自然法"有其传统依据：赫西俄德版创世神话对现世（第五代人类种族）发出的严厉谴责——"力量即是正义，敬畏不复存在/δίκη δ' ἐν χερσί, καὶ αἰδὼς οὐκ ἔσται"，"敬畏女神和义愤女神"将离开大地，"抛弃人类，加入永生神灵的行列"（《工作与时日》：192—200），即是将"正义与敬畏"一并视为人类社会赖以存在的根本德性。普罗泰戈拉在改写赫西俄德创世神话的同时，抓取了这一重要元素，并在演说中（当这组概念第一次出现之时）醒目地将"敬畏"置于"正义"之前；而苏格拉底在对话一开始显然对伯里克利不够敬畏，这项立法来得正当其时，在场有关人士听到这一提法，恐怕会深以为然、大点其头罢。与此形成对照的是，苏格拉底在随后对普罗泰戈拉的质疑中，悄然把"敬畏"这个概念剔除了出去，转而代之以"虔敬"（ὁσιότης）一词，并将其与正义、节制等德性并举（329c）。看来二人再次出现了分歧：普罗泰戈拉强调的德性是对人的"敬畏"，而苏格拉底注重的德性则是对神的"虔敬"。

真正令人感到困惑的是接下来普罗泰戈拉的这一说法:"进而宙斯要求赫尔墨斯为人类立法,如果有人不具备这两种东西,就应把他处死,因为这种人是城邦的祸害"(322d)。处死不正义的人犹可说也;如果一个人仅仅因为不知敬畏他人就要被处死,那么这种律法未免也过于酷烈了。我们所知的历史中有无这种案例呢? 事实上是有的。这个案例就是——雅典人判处苏格拉底死刑。苏格拉底获罪致死,与其说罪在"不敬神",归根到底是由于"不敬人"啊。

正是在完成这桩立法之后,普罗泰戈拉说:"就是这样,苏格拉底"(322d)。普罗泰戈拉在这个时候点名苏格拉底,意在提醒大家谁才是这项立法的打击对象,其功能相当于他此前批评其他智者时特意瞧希庇阿斯的那一眼。——来卡里阿斯家拜访普罗泰戈拉之前,苏格拉底曾问希波克拉底:智者拥有哪一类知识? 希波克拉底回答说:他们能让人讲话很厉害(312d)。此其谓也! 普罗泰戈拉即是"讲话很厉害"的典范。苏格拉底对伯里克利及其圈里人出言不逊,普罗泰戈拉立刻就编出一个周全的故事来回敬对方:他在这个故事里代替神明立法,当下就治了苏格拉底一个"大不敬"之罪。在"老人给年轻人讲故事"的温馨表象之下,实际上杀机四伏:雅典民众后来对苏格拉底的死刑判决,可以说早在异乡人-立法者普罗泰戈拉这里便已下达。反讽的是,后来普罗泰戈拉自己由于公开发表了不敬神的言辞,①遭到雅典人的驱逐,死于道路 (Diogenes Laertius, *Lives of Eminent Philosophers*, Book IX, 8. 51 – 52, 54);以言辞杀人者,最终作法自毙。

普罗泰戈拉的这篇演说事实上存在着很多问题:比如"每个人无论正义与否,都必定声称自己是正义的,如果谁不让自己显得正义,那他一定是疯了"(323b)——这岂不是在教人伪善吗? 若干年后,雅典世家子弟阿德曼图斯(柏拉图的哥哥,非在场的两位阿德曼图斯之一)说:"既然智者们告诉我,'貌似'远胜'真是',且主宰着人们的幸福,我何不全力追求之?"(《理想国》365c)年轻人的冷嘲热讽遥遥指向当年普罗泰戈拉这番说辞,而苏格拉底此后与他的哲人朋友们不厌其烦地提示"似"与"是"的区别,所针对的问题亦在于此。

此外,政治德性既然由神所赐、人所共享,何以不是天生与自发的,而是后天习得、努力培养出来的? 普罗泰戈拉的演说听上去有理有据,其实这个关键问题并未交代清楚。听众刚想就此质疑一下,紧接着便来了更可怕的说法:"政治德性人所共享,如果一个人缺乏这种德性,就必须接受惩罚改过自新,如果拒绝接受惩罚,则必须将之从城邦驱逐出去,或

---

① 见普罗泰戈拉残篇(《论神》导言):"关于诸神,我既不知道他们是否存在,也不知道他们是什么样子……"(DK 80 B4) ,参见《普罗塔戈拉与逻各斯——希腊哲学与修辞研究》,爱德华·夏帕著,卓新贤译,吉林出版集团有限责任公司,2014年,第九章"关于诸神"残篇,第177 – 193页。

被当作不可救药者处死。"(325ab)"有德性的人会全力培养儿子们的政治德性,城邦也会强制他们学习礼法,不让他们随心所欲任意行动,强制他们按照礼法来统治和被统治,谁要是特立独行,城邦就会惩罚他,这就是法律的矫正。"(325bcde)这几段话密集充斥着"惩罚"、"流放"、"处死"、"强迫"与"矫正"等字眼,令人不寒而栗;立法者以"敬人"为出发点,可是在立法的过程中,却动辄以城邦的名义对他人进行死亡威胁。

此前我们提到,普罗泰戈拉与苏格拉底对于教育的目的"是什么"存在分歧:苏格拉底注重的是人本身,普罗泰戈拉则强调人的家庭属性与城邦属性。实际上,普罗泰戈拉的"敬畏"基本无关乎人本身,主要是出于城邦统治的需要,从而普罗泰戈拉式的教育便意味着城邦出于统治需要对个人施加的惩罚与规训,结果反讽的是,他设计的人人有德的道德理想国需要恐怖统治才能维系下去。

我们不妨看看柏拉图就此给出的注脚,他笔下的另一位立法者——雅典异乡人曾这样大谈"立法体会":要对公众保持高度警惕,恐吓他们,让他们从内心认可立法者所规定的信念,确保行动与法律条文保持一致,对那些不愿听从法律的人,则要处以死刑、禁闭、鞭笞、剥夺公民权和财产……(《法篇》890bc)这些表述当然极具反讽意味,在场的温厚长者克里尼阿闻言大惊失色,高呼"绝非如此"(《法篇》890d),雅典异乡人随即吐露真言,表示同意克里尼阿的意见(《法篇》891b)。柏拉图在这里影射的,恐怕就是普罗泰戈拉式的立法者,这种人深谙现实统治的奥秘:就宰制人心而言,刑罚震慑远比德性感召更为有效。

普罗泰戈拉最后一段话尤为厉害:"生在礼法的世界,无论一个人在你看来多么不义,这人很可能还是个正义的行家呢"(327c)——一句话赞美了整个雅典社会,"苏格拉底,你被宠坏啦"(327e)——该被批判的唯有苏格拉底自己。"所有人都是德性的教师,大家都在尽力而为,而你却看不到这一点"(327e)——(我真替大家感到委屈),"让已经懂行的人进一步增进德性是不容易的,而我就是这样的人之一"(328ab)——打击对手的同时不忘自诩(雅典人已经很好,而我能令他们好上加好)。"我已经证明了德性可教,也说明了父亲优秀、儿子可以一无是处;然而,现在这样责备帕拉鲁斯和克桑提普并不合适,毕竟他们还年轻,还有希望"(328cd)——临了还不忘给伯里克利的两个儿子台阶下,以温厚长者的姿态结束了整篇讲话,真是面面俱到,滴水不漏。

普罗泰戈拉几句话就和全体雅典人站在了一起,同时把苏格拉底一个人划到了大家的对立面。这个异乡人娴熟地拨弄着雅典人的心弦,"像奥菲斯一样用声音迷住众人"(此系苏格拉底进得门来、一眼看到普罗泰戈拉时对他的描写《普罗泰戈拉》315ab),此后他的声音将在雅典人卡里克勒与安虞图斯、美勒图、吕康等人那里不断发出回响(见《高尔吉亚》《美诺》《苏格拉底的申辩》诸篇)——卡里克勒预告了苏格拉底之死(《高尔吉亚》486b),而安虞图斯等人导致了苏格拉底之死。

好一篇摄人心魄的长篇大论!听到这样一番要命的说辞,无怪乎苏格拉底的反应是"出神凝望着他",演说全部结束之后"才极力回过神来",随即发出了这样的评论:我过去以为,人之具有德性,非人力可以为之,但我现在信服了(328de)。苏格拉底在此的嘲讽之意一望可知。普罗泰戈拉的"大演说"以神话起兴,看似敬奉神明,实为矫神之诏,代神立法。当普罗泰戈拉说人人要有德性,人人就有了德性;关键是谁若不信,死刑伺候,听者焉敢不服?普罗泰戈拉的厉害之处在于,面对苏格拉底的突然发难,居然能够"现挂"一篇周全的演说辞,不但做到了自圆其说,还在回防的过程中反守为攻,甚至要直取对方性命,这份智计可谓天下无双,无怪乎苏格拉底在转述这场对话之初,真真假假地称赞普罗泰戈拉是当世"最智慧"的人(309d)。

在对话一开始,苏格拉底蓄意将普罗泰戈拉"诱捕"到了众人围成的圆圈里面(注意苏格拉底在卡里阿斯家内院一眼看到普罗泰戈拉时的特殊表达:"我们逮住了普罗泰戈拉"(*κατελάβομεν Πρωταγόραν*,《普罗泰戈拉》314e);然而众目睽睽之下,第一回合显然以普罗泰戈拉胜出而告终。

（四）　第二场/第二回合　哲学的胜利

有趣的是，苏格拉底刚刚表示"信服"，就再次对伯里克利出语不敬：伯里克利等公共演说家只会长篇大论，却不能简要地回答问题，就像一面响个不停的铜锣，常常就一个小问题发表滔滔不绝的演说，而这位普罗泰戈拉却不同，既有能力长篇演讲，也有能力简要作答，此外还能提出问题并听取回答，这真是少有的造诣(329ab)。普罗泰戈拉刚立下严刑峻法，苏格拉底就立刻明知故犯，再次当众讥讽伯里克利（这是二人斗法背后心照不宣的敏感话题），由此迅速发起了第二轮进攻。苏格拉底的狡黠之处在于，前脚贬低伯里克利，后脚高抬普罗泰戈拉（"而这位普罗泰戈拉却不同"），这让一贯自诩与众不同的大智者上一秒或许还在考虑怎么给伯里克利辩护，现在却闷声不响领受了高帽一顶。撇开苏格拉底这番赞美当中显而易见的讽刺意味不谈，我们发现，到目前为止，普罗泰戈拉展示了长篇演讲的能力，但并未提出任何问题，至于提问并听取回答则是他在双方斗智第三回合才被迫做出的举动，实际上苏格拉底所列举的普罗泰戈拉的三项能力，即长篇演讲、简要作答、提出问题并听取回答，分别是普罗泰戈拉在第一回合、第二回合、第三回合当中的表现。也就是说，苏格拉底在发起第二次进攻之先，如同发布神谕一般向在场者预告了全局进程，而这一点要待到事情全部结束,有心人回顾全局时才会发现。

苏格拉底诚恳地表示,现在只剩下最后一个"小问题":德性是一,并以正义、节制、虔敬为其组成部分,还是正义等等不过是同一事物的各个名称? 普罗泰戈拉说:这很容易回答;德性是一,正义等等都是其组成部分(329bcd)。要想真正解决"德性是否可教"的问题,必须先解决"德性是什么"的问题,而这又涉及到作为"相"本身的"一"(德性)与"多"(正义、节制、虔敬等等)如何统一的问题——这一问题不但是本篇对话的题眼,也是《巴门尼德》的核心命题,进而是全部柏拉图对话的核心命题之一。苏格拉底当年曾向大哲巴门尼德当面请益这一难题,现在又把这个"小问题"抛给了普罗泰戈拉,而普罗泰戈拉竟不假思索地说这很"容易",并率尔沿用了对方的哲学话语(德性是"一"),我们就这样眼睁睁看着他一脚踏进了哲学的深水区。

苏格拉底立即追问:那么正义等德性,对于作为"一"的德性而言,是像一张脸的组成部分,如嘴鼻眼耳,还是像一块金子的组成部分,除了大小之外没有差别? 普罗泰戈拉说:在我看来是前一种(329de)。普罗泰戈拉的选择大为不妙:苏格拉底给出的前一种提法,正是他自己在少年时期提出过的不成熟意见(每一个单一的"相"同时在"一"里面,《巴门尼德》131ab),当时这一提法立刻遭到巴门尼德的批评:这好比用一张帆把所有人都罩住,然后说这张帆作为一个整体把他们全都覆盖了,经过哲人一番论证,苏格拉底终于意识到了问题所在(《巴门尼德》131bcde)。苏格拉底现在给出的"脸"之譬喻,就是当年巴门尼德"帆"喻的变体;普罗泰戈拉在做出选择那一刻,已彻底落入彀中。

不消说,苏格拉底接下来开始了浩浩荡荡的证伪工作:普罗泰戈拉的意见,意味着德性的每一部分都与其他部分不同,能力也各不相同(329e–330b);从这一前提出发考察正义与虔敬这两种德性,我们得出了"虔敬本质上是做不正义之事,正义本质上是做不虔敬之事"的荒谬推论,而实际情况是"正义与虔敬极为相似,甚至正义即虔敬、虔敬即正义"(330b–331b);再次从这一前提出发考察节制与智慧这两种德性,这一次又同时得出了"不节制与智慧相反"以及"节制与智慧相反"这两个彼此相悖的推论(332a–333b);第三次从这一前提出发考察正义与节制这两种德性,得出了"节制是行不正义之事"这一推论,进而得出了"行不义之事是好的"这一谬论(333cd)。我们应该已经看出,这三次论证是当年巴门尼德八组论证(《巴门尼德》137c–166c)的具体而微,苏格拉底在这里不过是小试牛刀,普罗泰戈拉败相已呈。与滔滔不绝的大演说不同,哲学对话直截有效,一招制敌!或许有人会问:政治德性重在实践,就字词本身较真,不亦迂乎? 答曰:野哉! 为政必先之以正名。君子于其所不知,盖阙如也(不懂本该闭嘴的),名不正则言不顺、事不成、礼乐不兴(还谈什么敬畏与正义)、刑罚不中(以及惩罚与规训)、民无所措手足(最终谈何统治)。名之必可言,言之必可行,君子于其言,无所苟而已矣!

普罗泰戈拉显然意识到了情况不妙,开始就什么是"好的"进行诡辩:对世人有益的,是好的,对世人无益的,我也称之为好的;因为很多东西都是对此有益,却对彼有害的。听到这番妙语,在场者大声喝彩(333e-334c)。本来无论普罗泰戈拉如何诡辩,苏格拉底都已在这一回合取得了决定性的胜利,但这一段描写绝非多余:就是在这里,普罗泰戈拉恼羞成怒,暴露了自己的底色,他的价值相对主义已被逼显出来(施特劳斯,《普罗塔戈拉》,109)。我们只消追问一句:既然事物无分好坏,或者说无论对世人有益与否都是好的,那么为何还要树立特定的政治德性(敬畏与正义)并据此对人施以惩罚与规训呢?因此普罗泰戈拉在这一回合中的回防不但无效,反而加剧了自身的失败。然而反讽的是,这番失败的辩护——"对世人有益的,是好的,对世人无益的,我也称之为好的",却赢得了世人的高声叫好,夫复何言哉?苏格拉底就此打住,换了话题。众人在叫好声中暴露了智商,哲学孤零零地取得了胜利。

(五) 第一合唱歌　帝国人物群像

是时候给在场者们一些特写镜头了。事情的起因在苏格拉底:众人彩声一片,他却慢条斯理地对普罗泰戈拉说自己记性不好,请他说话再简短些;普罗泰戈的回答则火药味十足:要是我听你的,按照对手的要求谈话,我就不会显得比所有人都优秀,普罗泰戈拉也不会名满希腊了! (334c –335a)这一段描写非常有趣,因为在对话一开始,普罗泰戈拉曾经很大气地请苏格拉底选择谈话方式,而苏格拉底又把主动权让了回来(316bc),此后在斗智第一回合,普罗泰戈拉再一次好整以暇地请大家选择谈话方式(320c),但现在却似乎失去了从容不迫的风度,开始变得疾言厉色起来。

苏格拉底的反应是起身便走:我没有能力长篇演说,跟不上普罗泰戈拉,接下来还有事,没时间听他的长篇大论,告辞啦! 主人卡里阿斯赶紧出面阻拦,他用双手抓住苏格拉底说:我们不会放你走,苏格拉底,你要一走,这场谈话对于我们可就不一样了! 苏格拉底已经要往外走,见状说道:如果你想听普罗泰戈拉和我谈话,就去要求他简短发言,不要答非所问,再说我们彼此间的对话毕竟不同于公共演说嘛(335b – 336b)。

[注7]"对话不同于公共演说"——苏格拉底在作势要走、主人出面挽留的当口终于点题了。公共演说(δημηγορέω)

适用于多数人,是共和或民主制政治生活典型的话语方式,而对话($\delta\iota\alpha\lambda\acute{\epsilon}\gamma\omega$)适用于少数人,是贵族或寡头制政治生活倾向于采用的话语方式,前者例如雅典公民大会上的演说,后者例如斯巴达长老会议中的讨论,这也是柏拉图此后设计的"夜间议事会"(此即斯巴达长老会议的翻版)采用的交流方式(见《厄庇诺米斯》)。在某种意义上,选择什么样的政治话语方式,就是在选择什么样的政治体制。苏格拉底在本回合一开始,就径直批评以伯里克利为代表的公共演说家们只知长篇大论、不能简要回答问题(329ab),现在看来,这绝非无心之举。伯里克利以及普罗泰戈拉等人擅长的公共演说,是雅典民主制城邦政治生活的核心内容,苏格拉底对这种言说方式的批评,即是对民主制度本身的质疑。论战到了这个分际,苏格拉底与普罗泰戈拉两人都心中雪亮,从现在开始,采用谁的言说方式,就意味着现场的话语主导权掌握在谁的手中,进而或许意味着雅典政治生活的话语主导权掌握在谁的手中。因是之故,此前这一态势尚不明确之时,普罗泰戈拉与苏格拉底还相互揖让了一番,现在以苏格拉底公然批评伯里克利等公共演说家为信号,这一回两人剑拔弩张,彼此寸步不让。

到了这个关键时分,在场者开始一一亮相、表明态度。主人卡里阿斯(显然偏向普罗泰戈拉)对苏格拉底说:普罗泰戈拉想用自己的方式交谈,这是符合正义的,你不也同样想用自己的方式交谈嘛(336b)。这时阿尔喀比亚德(明显偏向苏格拉底)打断他的话说：卡里阿斯，此言差矣。苏格拉底已经承认在长篇大论方面不及普罗泰戈拉，只要普罗泰戈拉也承认在对话方面不及苏格拉底便罢，否则就请他以问答的方式谈话，而不是一经提问就搞出一篇冗长的演说来，把论证引向歧途，直到大部分听众都忘了要讨论的问题是什么——不过苏格拉底可不像他自己所说的那样"记性不好"，因此我认为苏格拉底的建议更合理(336bcd)。主人卡里阿斯以一碗水端平的姿态发话，在场来宾实难反驳。然而阿尔喀比亚德直接掐住他的话头，夺过了发言权：先是毫不客气地给了主人差评，而后直接将了普罗泰戈拉一军，要他承认在对话方面不及苏格拉底——而我们至此应该已经看出，以普罗泰戈拉傲视群伦的个性，要他当众承认自己技不如人，此事绝无可能。可以想见，老谋深算的普罗泰戈拉接下来只能硬起头皮应战，而年纪轻轻的阿尔喀比亚德通过对方几句发言就迅速抓住了其性格特点并有效加以利用，一出手便扭转了局面。此外，当他要求普罗泰戈拉承认"在对话方面不及苏格拉底"，实际上是对刚刚结束的第二回合论战追加了关键性的裁决，在众人一边倒的叫好声中一锤定音。紧接着他又回溯到第一场论战，批评普罗泰戈拉冗长的演说让大部分听众都忘记了要讨论的问题，以此呼应-返回到苏格拉底刚才的要求(自己记性不好，请对方简短发言)，一气呵成掌控全局，漂亮地完成了自己的第一次发言暨亮相。

继阿尔喀比亚德之后，克里提阿发言道：普罗狄科与希庇阿斯啊,看来卡里阿斯明显偏祖普罗泰戈拉,而阿尔喀比亚德总是争强好胜;我们应该保持中立,一起敦促他们不要让这场聚谈半途而废(336de)。克里提阿与阿尔喀比亚德是雅典政坛未来领袖两大热门人选,阿尔喀比亚德已抢先发言,克里提阿自然也要说话。只是他的讲话未见其妙,前后相较,似乎高下立判。克里提阿本是雅典贵族-寡头派的代表与未来领袖,阿尔喀比亚德则是伯里克利的继承人、民主派的代表与未来领袖,有意思的是,苏格拉底在两人之间选择了后者(《阿尔喀比亚德前篇》《阿尔喀比亚德后篇》),反过来,在支持民主派意识形态的大智者普罗泰戈拉与同情贵族-寡头派政治立场的哲人苏格拉底之间,阿尔喀比亚德也选择了后者。这种双向选择将克里提阿置于尴尬的位置,他与阿尔喀比亚德以及苏格拉底之间的关系此后变得愈发微妙,此节留待后续《卡尔米德》《厄里克希阿斯》研究再作分解。

这时普罗狄科接过话来:克里提阿讲得好,我们应该倾听双方的发言;普罗泰戈拉和苏格拉底,你们要讨论,不要争论(以下辨析了讨论与争论的区别),这样就会得到我们的尊重,而非赞扬(以下又辨析了尊重与赞扬的区别),听众就会感受到喜悦,而非快乐(又一次辨析了喜悦与快乐的区别)。普罗狄科说完,许多在场者都表示同意(337abc)。普罗狄科的发言空洞无物,废话连篇,看似充满了严谨的辨析,却无法掩盖其思想上的贫瘠,这与多年以后在家中召集会饮

的阿伽通(此刻正坐在他的身侧)发言如出一辙(《会饮》),
而"许多在场者都表示同意",一句话再次揶揄了众人的智
商,柏拉图的促狭令人忍俊不禁。

接下来轮到"智慧的希庇阿斯"发言了:在场诸位,你们
通过血缘、家庭与城邦而紧密联系,此系出于自然,而非律
法。自然使人们同类相亲,而律法才是宰制世人的僭主,往
往迫使人们背离自然。我们身为最有智慧的希腊人,深知自
然之道,由此聚集到了希腊的这座智慧圣殿(按:指雅典)中
来。在这座城市最大最豪华的宅邸中,我们本该自重身份,
结果却像最低劣的人那样彼此争吵,这真可耻($\alpha i\sigma\chi\varrho\acute{o}\varsigma$)。普
罗泰戈拉与苏格拉底,现在我奉劝你们,在我们的仲裁之下
彼此和解,你们要各自让步妥协,取其中道。我强烈建议你
们选出一名仲裁人或主席,以监督你们的发言保持适度。希
庇阿斯的建议赢得了在场者的一致称赞,现场响起一片掌声
(337c－338b)。

[注8]希庇阿斯的发言非同凡响,特别是头两句话,与
普罗狄科苍白肤浅的语言相比,显得深不可测,耐人寻味。
他的第一句话,其实是当着"在场诸位"的面,将人们的血
缘、家庭与城邦关系(即人的全部生活)都放在了"自然"领
域中,紧接着第二句话站在"自然"的立场,指斥立法者制定
的律法有悖于"使人们同类相亲"的自然,实为"宰制世人的
僭主"——这是一个非常可怕的指控,因为"僭主"乃是民主
制度下最凶险的称谓(哈摩狄阿斯和阿利斯托斋吞刺杀僭主

的故事是雅典民主制城邦的国家神话),而这个指控所指向的对象,除了刚刚才为世人立下严刑酷法的普罗泰戈拉,在场者中更有何人?如果普罗泰戈拉可以当场立法来杀苏格拉底,那么希庇阿斯也可以当场诉诸自然,呼吁人民反杀僭主——这一行为的正当性基于雅典民主制度的根本政治伦理,普罗泰戈拉身在虎穴无从辩驳,这也是他在希庇阿斯发言结束后保持缄默的原因。

希庇阿斯与苏格拉底是同龄人,普罗泰戈拉与及普罗狄科是他们的父辈。智识界新一代翘楚正在向老一代王者进击,同时也在彼此争胜(希庇阿斯攻击普罗泰戈拉并不是为了捍卫苏格拉底)。希庇阿斯接下来说,"我们身为最有智慧的希腊人,深知自然之道,由此聚集到了希腊的智慧圣殿中来"(这句话表面上夸赞了所有在场者),但这句话的潜台词是,深知"自然之道"者才是"最有智慧的希腊人"(其实是高抬了自己),而不明此道的普罗泰戈拉与苏格拉底,此刻的表现就像两个彼此争吵的"最低劣的人",这真可耻(同时狠狠羞辱了两大对手)。接下来希庇阿斯居高临下地"奉劝"苏格拉底与普罗泰戈拉"在我们的仲裁之下"彼此让步,最后还担心这二位没明白他的意思,再次"强烈建议"他们选出"一名"裁判或主席来监督整个对话进程——这个人除了希庇阿斯自己,还能有谁?抨击"僭主"统治的希庇阿斯却主张"独裁"(一人之治),而现场观众(民众)对此一致鼓掌称赞,看上去就像是用民主表决的方式通过了他的建议。

此时苏格拉底说:对话还要选出个裁判来,这才"可耻"(αἰσχρός)。按说应该选一个比我们更强的人当裁判,但是你们不可能找到比普罗泰戈拉更有智慧的人;如果选一个不如他的人,这对于普罗泰戈拉则是"可耻的",因为你们竟然找一个"低劣的人"来监管他(338bc)。苏格拉底借着普罗泰戈拉说事,将希庇阿斯的挑衅如数奉还。苏格拉底接着说:我有个建议,如果普罗泰戈拉不愿回答问题,不妨让他来提问,我来回答,同时向他示范该如何回答问题。如果此后他仍不愿回答问题,你们可以和我一起要求他,就像你们现在要求我一样,不要毁了这场聚谈;完全没必要选一个裁判,大家可以共同仲裁嘛(338cde)。此前希庇阿斯主张"独裁"(一人之治),现在苏格拉底又将权力交还了民众。苏格拉底说完,在场者又一次全都表示赞同,普罗泰戈拉无奈只好就范(338e)。以上短短几次发言,其间暗流涌动,各路人杰彼此较量,不明真相的群众随波逐流,正如普罗泰戈拉在对话正式开始前对苏格拉底所说的那样:智者的招数逃不过强者的法眼,而民众毫无辨别力,只会附和强者的话语(317a)。反讽的是,普罗泰戈拉尽管深明这个道理,却依然无法逃脱强者为王的自然规律,只能在(强者领导的)群众的裹挟下被迫应战,这出戏变得愈发好看起来。

（六）第三场/第三回合　论诗决胜负

普罗泰戈拉现在开始提问(正如苏格拉底在第二回合开头预言的那样,提问之后他还将听取回答):苏格拉底,诗教是教育最重要的部分,我向你提的问题与我们正在讨论的主题,亦即德性密切相关。以西蒙尼德的诗歌为例,他说"成为一个好人真的很难",同时他又说"尽管庇塔库斯有智慧,他这句话却没道理——是一个好人很难",你认为这两段诗文前后一致吗? 苏格拉底说:我认为一致,尽管不太确定(339abcd)。"不太确定"云云,乃是苏格拉底惯用的佯装无知、诱敌深入之法,观众不可不察。听到这个回答,普罗泰戈拉得意地对苏格拉底大加驳斥,高明地指出这两段诗文彼此矛盾,这番妙语博得了在场者的赞扬和阵阵掌声(339de)。

苏格拉底说:听到他的妙语和观众的掌声,我就像挨了优秀拳击手的痛打,一阵阵头晕目眩。一笑。于是我转向普罗狄科——和你说实话,这么做是为了争取时间(339e)。若不是这里突然插入了一句"和你说实话",我们几乎已经忘记了广场那位"朋友",即苏格拉底转述这场对话的对象。这位"朋友"的存在感极低,全程倾听苏格拉底讲述,并无一句质疑或评论,对比另一篇转述型对话《欧绪德谟》,苏格拉底转述的对象是知心老友克力同,克力同不但对苏格拉底的回应精准到位,甚至还曾当面"拆穿"老友的诳语(苏格拉底只得讪讪承认)。问题在于,《普罗泰戈拉》这场豪华对话,为什么要设定这样一个没名字、无个性的人物为转述对象?此外,苏格拉底越是强调自己"说实话",就越是可疑——他转向普罗迪科(如果不是为了争取时间)究竟是为了什么?

苏格拉底继续言道:我对普罗狄科说,你可是诗人西蒙尼德的(凯奥斯)同乡,我要向你求援,就像荷马所讲的那样,斯卡曼德罗斯呼唤西摩伊斯一起对付阿基里斯:"亲爱的兄弟,让我们一起阻遏此人的力量",我们可别让普罗泰戈拉把西蒙德给灭了(339e-340a)。

[注9]本篇对话中苏格拉底引用荷马诗歌凡四次,这里是第三次。在"论诗"这个特定环节,苏格拉底引用荷马史诗,将普罗泰戈拉比作阿基里斯,同时自比斯卡曼德罗斯,前者是希腊第一英雄,而后者则是"比凡人更强"的神明。这一典故出自《伊利亚特》(XXI.213-315):河神斯卡曼德罗斯激愤于阿基里斯的暴虐,用可怕的巨浪追击这位英雄,阿基里斯"尽管腿脚敏捷,但神明比凡人更强",若非天神相救,只怕已命丧当场,而汹涌咆哮的大河神愈发恼怒,于是呼唤另一位河神西摩伊斯:"亲爱的兄弟,让我们一起阻遏此人的力量……制服这个狂徒,他正势不可挡,自信堪与神匹敌。"苏格拉底看似信口引用荷马,现场凡是受过教育的人稍加思忖便可明白他的潜台词:你普罗泰戈拉固然是人间第一英雄,自信堪与神匹敌,但神明终究比凡人更强!

苏格拉底接着对普罗狄科说:我需要借助你那区分的技

艺,请你看看是否同意我的观点。在你看来,"成为" ($τὸ\ γενέσϑαι$) 与 " 是 " ($τὸ\ εἶναι$) 是一回事,还是不一样? (340ab)普罗狄科刚刚才演示过区分大法,苏格拉底知人善任。普罗狄科说:向宙斯起誓,不一样(340b)。苏格拉底一打(普罗泰戈拉)一拉(普罗迪科),普罗狄科心领神会,发誓赌咒("向宙斯起誓")支持苏格拉底的意见,力所能及地给普罗泰戈拉施加压力。此时苏格拉底便对普罗泰戈拉说:所以西蒙尼德并没有自相矛盾,既然"成为一个好人"与"是一个好人"本就不是一回事——普罗泰戈拉啊,这话可是普罗狄科说的。二笑。苏格拉底进而提供了一个经典论据:普罗迪科或许会同意赫西俄德的说法,成为好人是很难的,因为神明令通往德性之路洒满汗水,但是"一旦登峰就变得容易,尽管此前无比艰难"(出处见 Hesiod:*Works and Days*,289 - 292)。听到这番话,普罗狄科立即表示赞同,而普罗泰戈拉立即加以反击:你的更正中所包含的错误,比你更正的错误还大;如果诗人认为保有德性如此容易,那么他可就太无知了,因为世人皆知,这可是世上最难的事(340cde)。普罗泰戈拉在承认错误的同时,又以攻为守,抛给对方一个更大的难题。

苏格拉底没有直接回答他的质疑,而是再次转向了普罗狄科:向宙斯起誓,普罗狄科能在这里参加讨论,真是我们的幸运! 普罗泰戈拉啊,他那"神性的智慧"(指普罗狄科辨析词义的癖好)你似乎并不具备,而我作为他的学生却熟练掌握（340e-341a）。苏格拉底引人注目地使用了普罗狄科刚才用过的发誓语（"向宙斯起誓"）热烈地赞美他，并自称是他的学生，似乎二人之间真有些密切的关系；戏份做足之后，苏格拉底便开始了对（热衷于词语辨析的）普罗迪科的戏仿。你不明白西蒙尼德使用"难"这个词的意思。这个词与"厉害的"（δεινός δεινός）一词用法相近。普罗迪科教导过我，"厉害的"意思是"坏的"，西蒙尼德当年或许也把"难"这个词理解为"坏的"。既然涉及西蒙尼德的方言，我们不妨问问他的同乡普罗狄科：西蒙尼德的"难"是什么意思？果不其然，普罗狄科答道："坏的"。于是苏格拉底说：这就是西蒙尼德责备庇塔库斯说"是一个好人很难"的原因，因为在他看来，这等于说"是一个好人"是"坏的"。这时普罗狄科帮腔道：西蒙尼德岂有别的意思？（341abc）观众曾记否，来卡里阿斯家拜访普罗泰戈拉之前，苏格拉底问希波克拉底：智者拥有哪一类知识？希波克拉底回答说：他们能让人讲话很厉害（δεινὸν λέγειν）（312d）。后来事实证明，普罗泰戈拉果然"讲话很厉害"。希波克拉底当时使用这个词恐怕并无贬义，现在苏格拉底径直告诉我们"厉害的"意思就是"坏的"！在当前这段对话中，苏格拉底罔顾常识强词夺理，而普罗迪科昧着良心帮腔说瞎话，他们一起（当然普罗迪科是被动地）向在场者演示了一回智者的本领：讲话很厉害/坏——或许这才是苏格拉底"转向普罗迪科"的目的所在。

苏格拉底说：听到普罗迪科的话了吧，普罗泰戈拉，你还有什么可说的? 普罗泰戈拉说:根本不是那么回事,西蒙尼德的"难"指的不是"坏的",而是"不容易"。这时苏格拉底便说:其实我也这么认为,普罗狄科当然也明白这一点,刚才他不过是开个玩笑,考验一下你坚持观点的能力而已,其实西蒙尼德的下一句诗文便可证明,诗人并没有把"难"等同于"坏的"(341cde)。苏格拉底佯装/反讽的技艺已经炉火纯青,先是引着普罗迪科一起扮演无良智者,再用一个玩笑瞬间跳出戏外,神出鬼没,来去自如——谁能料到他在临阵对敌、大呼求援之际,竟然声东击西,掉头先把自己的"老师"给耍了呢。

　　苏格拉底表示,现在自己愿意谈谈对西蒙尼德这首诗的真实看法(341e)。玩笑已然开过,现在大家似乎可以相信,苏格拉底终于要讲自己的"真实"看法了。然而,我们很快就会发现,所谓"真实"不过是"实则虚之",更大的、更不易察觉的玩笑/戏仿还在后面。听到这话,普罗迪科和希庇阿斯齐声催促,其他人也是如此(342a)。智者和他们的歌队已经开始被苏格拉底带跑调了。于是苏格拉底说道(以下为撮要):

　　　　哲学在希腊的克里特和拉刻岱蒙(斯巴达)年代最久、影响最大,那里的智者多于世界上任何一个地方。但那里的人却假装无知,显得自己的优胜之处在于打仗和勇敢,就像普罗泰戈拉刚才所说的那样,以免别人发现他们在智慧方面超过其他希腊人。他们认为,如果自已取得优胜的真实原因为人所知,人们就会努力培养智慧了。为了保守这一秘密,他们蒙骗了所有模仿拉刻岱蒙生活方式的人。

斯巴达人在哲学和演讲方面受到了最好的教育。如果你与普通斯巴达人交谈,他在大多时候表现平平,可是一到关键时刻,他就会像一名优秀的投枪手,抛出精准凝练的言辞,一招制敌。无论从前还是现在,都已有人发现了这一点:模仿斯巴达式的生活方式指的是热爱智慧,而非崇尚健身。传说中的七位贤人都是斯巴达文化的崇拜者、热爱者与追随者,他们的言辞简洁而值得记诵,这种拉科尼亚(斯巴达控制的核心区域)式的简洁即是哲学的特征。尤其是庇塔库斯(七贤之一)"是一个好人很难"这句格言广为流传,而西蒙尼德由于渴望赢得智慧的声誉,认为如果能推翻这句格言,自己就能举世闻名。于是他创作了这首诗歌,暗中攻击贬损这句格言,以期达到自己的目的。

现在让我们一起来考察这首诗,看我所说的是否正确。在这首诗的开头,如果作者希望表达的意思是"成为一个好人很难",那么他在句中加上"μέν"①这个词就

---

① μέν是一个表示对比的小品词,难以直译,此前我们曾将西蒙尼德这句诗("ἄνδρ' ἀγαθὸν μὲν ἀλαθέως γενέσθαι χαλεπόν")译为"成为一个好人真的很难"(《普罗泰戈拉》339b),在这里相应译为"成为一个好人(才)真的很难"。

毫无意义,除非我们假定西蒙尼德正在批驳庇塔库斯的格言,即庇塔库斯说"是一个好人很难",然后西蒙尼德反驳道,"不,成为一个好人才真的很难","他的手脚和心灵都要规矩方正,无可指摘,这才真的很难"(Simonides,Fr. 37.1),这样插入"μέν"才显得合理。

西蒙尼德似乎想要表明:尽管成为一个好人真的很难,然而还是可能的,至少在一段时间内是可能的,但是成为好人以后要保持这种状态,即"是一个好人",这是不可能的,因为这超越了人之所能,只有神才有这个能力,"人只能是坏的,当不可抗拒的厄运将之击垮"(Simonides,Fr. 37.1.17)。你无法打倒一个已经倒在地上的人,而只能把站着的人打倒在地。同理,好人可以变坏,如另一位诗人所见:"好人有时是坏的,有时是好的",但是坏人不能变坏,因为他总是坏的。

西蒙尼德继续说道:"庇塔库斯,你说'是一个好人很难',而在我看来,成为一个好人虽然很难,却是可能的,然而'是一个好人'却是不可能的,因为'如果人们运气好,人人都是好的,如果不走运,就是坏的'"(Simonides,Fr. 37.1.17)。一个好人会出于各种原因变坏——实际上知识被剥夺是唯一的厄运,但坏人却无法变坏,因为要让坏人变坏,首先得让他变好,这就是西蒙尼德这些诗句的主旨。所有这些都是针对庇塔库斯而言,这在接下来的诗句中讲得更加明白:"因此我绝不会为了空虚的希望虚掷生命,追求不可能发生的事情,和那些在广阔大地上收获果实的人们一起,在世间寻觅一个无瑕的好人。如果我找到了他,我一定会告诉人们。"(Simonides,Fr. 37.1.22)

在整首诗中,西蒙尼德都以这种激烈的语气攻击庇塔库斯的格言。他说:"我愿赞扬和热爱一切不作恶的人,因为即便诸神也不与必然的命运交战"(按:西蒙尼德 "πάντας δ' ἐπαίνημι καί φιλέω ἑκὼν ὅστις ἔρδη μηδὲν αἰσχρόν" 这句诗可作两种解读:1. "我愿赞扬和热爱一切不作恶的人",2. "我赞扬和热爱一切不愿作恶的人")(Simonides,Fr. 37.1.27ff)。西蒙尼德不会无知到赞扬"不愿作恶"的人,就好像有人愿意作恶似的。我本人坚信,一切恶行都是不自愿地犯下的。所以西蒙尼德在这里的意思并不是赞扬不愿作恶的人,"愿意"这个词指的乃是他自己的意愿。他的看法是,一个好人,一个高尚的人,经常会强迫自己去爱和赞扬某些人,例如乖戾的父母,甚或父母之邦。坏人看到父母与祖国出现的问题,往往会感到高兴,同时夸大其辞、横加指责;而好人则会掩盖问题,迫使自己发出赞美之辞。如果父母与国家冤枉了他们,他们也要平心静气,与之和解,并强迫自己热爱并赞美本国的人民。

西蒙尼德心里清楚,自己经常赞扬僭主一类的人,这并非出于自愿,而是被迫为之。因此他对庇塔库斯说:"庞塔库斯,我之所以责备你,不是出于苛刻,而是因为'在我看来,只要一个人既不坏,也没有触犯法规,信奉有利于国家的正义,这便是一个健全的人,我无从指摘'。"(Simonides,Fr. 37.1.33ff)

西蒙尼德曾经说过:"我不会和那些在广阔大地上收获果实的人们一起,在世间寻觅一个无瑕的好人。如果我找到了他,我一定会告诉人们。"他说这话的意思是,"如果我等待无瑕的好人出现,那么我就不会赞扬任何人了,一个人只要达到中等程度,不作恶也就足够了,因此我愿赞扬和热爱一切不作恶的人"——注意"赞扬"一词的词形,西蒙尼德是在对(密提林人)庞塔库斯讲话,所以使用了密提林方言,这儿才是"愿意"这个词该在的位置(即放在"赞扬"之前)——"而有些人则是我违心地加以赞扬和热爱的。庞塔库斯,只要你讲话基本合理且真实,我就决不会谴责你。但你以言说真理的姿态,对这个极为重要的问题大撒其谎,为此我要谴责你"。在我看来,普罗迪科与普罗泰戈拉啊,这就是西蒙尼德创作这首诗歌的意图所在(342a-347a)。

[注10]至此我们应该已经发觉,自称没有能力长篇演说、只会简短对话的苏格拉底,刚刚完成了一篇不亚于普罗泰戈拉"大演说"的长篇演讲。(这已经是他的第几个诳语了?)这篇演讲分为两部分:一、"斯巴达颂"(342a-343c),

二、诗人西蒙尼德攻击哲人庇塔库斯（343c‒347a），其中第二部分具有鲜明的苏格拉底风格——即便是长篇演讲，仍以对话的形式出之。

我们先看"斯巴达颂"。希腊世界的斯巴达崇拜古已有之，雅典作为希腊最古老、最强大的国家之一，仅能勉力与之分庭抗礼，直至古典时代初期（希波战争时期）始呈反超之势。简略说来，在青铜时代，雅典是迈锡尼文明中心之一，斯巴达则更是迈锡尼文明时期的强国，在特洛伊战争时期（约前1200年前后），据荷马的"船目表"记载，雅典派出舰队共50艘，而斯巴达率领拉刻岱蒙地区（包括法里斯等国）舰队共60艘（《伊利亚特》: II. 546‒556, 581‒587），双方国力大致相当。

特洛伊战争之后，多利亚人打着"赫拉克勒斯后代回归"的旗号，在伯罗奔尼撒地区开创了赫拉克勒斯族王朝（Heraclid Dynasty，前1104年—前192年），斯巴达改朝换代，世系延续九百余年，成为伯罗奔尼撒当之无愧的统治者。希腊原住民被迫迁徙，阿提卡地区成了逃亡各族的避居地，伊奥尼亚族大国雅典带头抗击侵略者，雅典国王卡德鲁斯殉国，执政官制度由此开启（前1068年—前146年），雅典革故鼎新，制度沿革九百余年，成为阿提卡实至名归的领袖。

雅典本是希腊世界历史最悠久的王国之一，多利亚人入侵之后，面对压力应激求变，自墨冬变法（前1068年取缔王制、建立执政官制度）始，至古风时代不断变革，历经德拉古立法(约前621年)、梭伦改革(前594年)、克里斯蒂尼改革(前508年),最终建立民主制度。而斯巴达自古风时代早期来库古立法(约前8世纪)之后,寡头政制垂数百年不变,随着其希腊霸权逐步确立,斯巴达式的寡头政制成了世人眼中所谓的"优良政制"。

斯巴达向以武力立国,而兼具"文化战略"意识与眼光。从其建国到赢得希腊霸权的历史脉络来看,斯巴达人先是以"赫拉克勒斯后代回归"的名义进攻希腊大陆、开国立朝,之后又通过迎回"阿伽门农之子"的骨殖(约公元前560年)获得伯罗奔尼撒地区的统治合法性,此后建立伯罗奔尼撒同盟,逐步确立了在希腊的霸主地位。无论是侵略战争,还是扩张战争,斯巴达都会为自身打造相应的国族神话,制造战争与统治的合法性,这也是(我们经常在史书中看到的)能征善战的斯巴达从不轻易出战、战必师出有名的原因。

斯巴达始终保持着希腊霸主的地位,直至希波战争(前499年—前449年)爆发,"国际局势"发生了重大变化。面对来自亚洲强敌的步步进逼,伊奥尼亚族大国雅典再次带头抗击侵略者,公元前478年希腊联军战胜波斯帝国,同年雅典建立提洛同盟,夺取了波斯帝国在地中海一代的统治权,希腊迎来了最辉煌的年代——古典时代。伴随着帝国崛起,雅典人及其崇拜者开始有意识地制造雅典国族神话:公元前476年将军客蒙迎回神话国王忒修斯的骨殖(其政治意义等同于近百年前斯巴达迎回"阿伽门农之子"的骨殖),此后出现了一系列"扬我国威"的作品(如"悲剧之父"埃斯库罗斯的《波斯人》与《俄瑞斯提亚》、"历史之父"希罗多德的《历史》、"第一公民"伯里克利的"阵亡将士葬礼演说"等等),对雅典的赞颂成为帝国从建立到鼎盛时期(前478年—前431年)的主流意识形态话语。

随着第二次伯罗奔尼撒战争(前431年—前404年)爆发,斯巴达与雅典再次争霸希腊,雅典从盛世进入乱世,最后目睹了帝国的败亡。这一时期出现了一些带有反思性质的作品(如阿里斯托芬的《阿卡奈人》与《骑士》、欧里庇德斯的《特洛伊妇女》等),斯巴达神话得以再次抬头(如修昔底德在《伯罗奔尼撒战争史》中公然赞美斯巴达政制,此即时代情绪的集中反映),对斯巴达的赞颂成为这一时期挑战乃至颠覆主流意识形态的乌托邦话语。

公元前433/432年,雅典与斯巴达之间的争霸战爆发在即,这是《普罗泰戈拉》这篇对话发生的背景时间。这次大战涉及历史纠葛与现实因素,既有传统上的国仇家恨,又有现实中的盟邦利益,既是关乎希腊统治权的国家争端,又是民主与寡头政制之间的制度之争,可以说是希腊当今领袖雅典与昔日霸主斯巴达之间的一次"算总账"的行为。战争爆发之初,雅典自信满满,国家主流意识形态尚未遭遇严峻挑战,伯里克利的"阵亡将士葬礼演说"即是"雅典颂"的集大成之作,也是帝国全盛年代最后的辉光。可以想见,在战争爆发前夕,国家主流意识形态势必会迅速强化为一种不容置疑的政治正确,而这个时候苏格拉底面对雅典的核心统治阶层,却突然祭出一篇"斯巴达颂"来,此举真可谓"不合时宜"、惊世骇俗。

苏格拉底的颂辞先声夺人,开篇第一个词便是"哲学(爱智慧)":"哲学(爱智慧)在希腊的克里特和拉刻岱蒙(斯巴达)年代最久、影响最大,那里的智者多于世界上任何一个地方。"(342ab)在本轮对战开始之前,"智慧的希庇阿斯"曾俨然代表所有在场者高调宣称:"我们身为最有智慧的希腊人","聚集到了希腊的这座智慧圣殿(雅典)中来"(337d),外邦人的阿谀令雅典人满心欢喜,希庇阿斯的发言获得了在场者一致称赞(338b)。而苏格拉底对这番赞美显然并不领情,现在一句话便将"智慧圣殿"搬到了克里特与斯巴达,在场者(包括三大智者)听到这话自然心情各异,特别是雅典人或许会想:那两个地方的人最有智慧吗? 我却不知。

苏格拉底随即言道:"但那里的人却假装无知,显得自己的优胜之处在于打仗和勇敢,就像普罗泰戈拉刚才所说的那样,以免别人发现他们在智慧方面超过其他希腊人。"(342b)注意"优胜之处在于打仗和勇敢"几个字,这分明是斯巴达人最为世人所称道的特质,而克里特在古风及古典时代与希腊大陆几无联系,不曾卷入希腊世界的战争当中,"优胜之处在于打仗和勇敢"无从说起,因此苏格拉底在这里要赞扬的,其实就只是斯巴达,克里特云云不过是放烟雾而已。

接下来，如果苏格拉底直接说："他们在智慧方面超过其他希腊人"，这属于个人主观意见；但狡黠的哲人却这样表达："以免别人发现他们在智慧方面超过其他希腊人"，那么"他们在智慧方面超过其他希腊人"便成了一种事实陈述。再看"就像普罗泰戈拉刚才所说的那样"这句插入语，苏格拉底在卡里阿斯家见到普罗泰戈拉之初，这位大智者向苏格拉底直言："智术是一种古老的技艺，古代智者为免招致敌意，往往自我遮掩，……而我的做法与他们截然不同。"（316d－317a）其本意是为了显示自己与众不同、超迈前人，现在却被苏格拉底顺手拿来做了掩护——这话可不是我说的，是普罗泰戈拉说的！

至于他们"假装无知"目的何在？"他们认为，如果自己取得优胜的真实原因为人所知，人们就会努力培养智慧了。为了保守这一秘密，他们蒙骗了所有模仿拉刻岱蒙生活方式的人。"（342b）现在苏格拉底已经婉转道出，"他们"就是拉刻岱蒙（斯巴达）人。这几句话看似在"揭秘"斯巴达人，其实是在暗讽雅典人：你们自认为有智慧，却被斯巴达人彻底蒙在了鼓里！斯巴达人有智慧却假装无知（这正是苏格拉底的做法），而某些人没有智慧却不自知（比如大多数在场者的表现），难怪后者会被前者蒙骗、耍得团团乱转了。

苏格拉底接下来说道："斯巴达人在哲学和演讲方面受到了最好的教育。如果你与普通斯巴达人交谈，他在大多时候表现平平，可是一到关键时刻，他就会像一名优秀的投枪手,抛出精准凝练的言辞,一招制敌。"(342de)现在苏格拉底不再迂回,直接开始赞颂斯巴达人。(至于"一到关键时刻"就"一招制敌",这不正是苏格拉底自己在第二场交锋中的表现?)哲学与演讲本是雅典人最引以为豪的两样东西,苏格拉底刚刚把哲学的桂冠戴在斯巴达人头上,现在又把演讲的美誉送给了对方。值得注意的是,苏格拉底的说法与修昔底德的记载恰可相互印证(这或许是柏拉图有意制造的互文关系):公元前432/431年,斯巴达召开盟邦会议,与会代表纷纷对雅典的霸道行径提出控诉,当时恰好有雅典人在场,请求发言得到了准许。雅典发言人极尽强词夺理之能事,从雅典在希波战争中的特殊贡献说起,认为雅典今天享有霸权理所应当,弱肉强食是普遍的法则,统治的资格在于强大的实力而非"正义"等说辞云云(修昔底德《伯罗奔尼撒战争史》I.72-78)。雅典人看似能言善辩,却将自己越描越黑,这篇演讲简直是自鸣得意、愚蠢至极的失败典型。斯巴达监察官最后慷慨陈词:雅典人这篇冗长的演说,我听不懂。自吹自擂无改乎侵略的事实。如果他们过去是好的,现在却变坏了,那么就应该受到双倍的惩罚;而我们过去和现在都是一个样。斯巴达人,表决吧! 让我们一起抗击侵略者!(修昔底德《伯罗奔尼撒战争史》I.86)。斯巴达人"拉科尼亚式的简洁"与雅典人的洋洋万言形成了鲜明对照,这岂非就像一名优秀的投枪手,在关键时刻抛出精准凝练的言辞,一招制敌? 结果雅典人黯然离场,而斯巴达人师出有名,战火从此燃向雅典控制下的势力范围。

苏格拉底总结云:"无论从前还是现在,都已有人发现了这一点:模仿斯巴达式的生活方式指的是热爱智慧,而非崇尚健身"(342e)——坐实了斯巴达才是哲学的代表,"传说中的七位贤人都是斯巴达文化的崇拜者、热爱者与追随者,他们的言辞简洁而值得记诵,这种拉科尼亚式的简洁即是哲学的特征"(343ab)——追慕斯巴达文化的七位贤人是真正的哲人,使用斯巴达式的语言("拉科尼亚式的简洁")乃是哲人的表征(苏格拉底自己即是如此)。

接下来苏格拉底提及身为七贤之一的庇塔库斯,很自然地从"斯巴达颂"来到了第二部分:诗人西蒙尼德攻击哲人庇塔库斯。"尤其是庇塔库斯'是一个好人很难'这句格言广为流传,而西蒙尼德渴望赢得智慧的声誉,认为如果能推翻这句格言,自己就能举世闻名。于是他创作了这首诗歌,暗中贬损这句格言,以期达到自己的目的。"(343bc)此前普罗泰戈拉批评西蒙尼德的诗歌,苏格拉底曾吁请普罗迪科一起为诗人辩护,现在辩护即将开始,情况却发生了反转,在苏格拉底看来,西蒙尼德创作这首诗歌,是为了追逐名誉而不惜贬损哲人庇塔库斯。这一转折来得突兀,听众不免满腹疑窦,莫名所以。

回头细想,西蒙尼德本是普罗泰戈拉的前辈智者(316d),而普罗泰戈拉讥评一切前辈、自诩超迈前人(316e-317c),"显得比所有人都优秀"(335a),由此在当世赢得了智慧之名。这种做法与贬损前代哲人,以期赢得智慧声誉的"西蒙尼德"岂非如出一辙? 由此看来,苏格拉底很可能表面上是在批评西蒙尼德,实际上却是在借此当场"诛心"普罗泰戈拉。古典学者 b 据此认为,苏格拉底这篇演说中的"西蒙尼德"实为普罗泰戈拉的化身,此即苏格拉底"不惜对诗文施暴"、故意曲解西蒙尼德的原因(《谁来教育老师:〈普罗泰戈拉〉发微》,97 - 99)。

接下来苏格拉底便请在场者一起来参详西蒙尼德这篇诗文(343c)。所谓艺高人胆大,哲人偏要在大家眼皮底下施展障眼法。只见他现场吟诵,熟极而流,随口解经凡六次:第一次,从"μέν"这一个小品词入手,苏格拉底假定西蒙尼德是在批驳庇塔库斯的格言,以下演说便以西蒙尼德批驳庇塔库斯的对话形式出之①(343d - 344a),从而既做到了用长篇演说对抗普罗泰戈拉的大演说,又保留了哲人坚持使用的对话形式。

第二次,苏格拉底认为西蒙尼德反对庇塔库斯的理由在于,"是一个好人"超越了人之所能,此唯神力可以为之,进而哲人用西蒙尼德的诗歌自证其意,兼以其他诗人的诗句"以诗证诗"(344bcde),由此塑造了一个笃信神明的"西蒙尼德"的形象,这显然不同于"不信神"的普罗泰戈拉,转而

---

① 长篇讲辞而以对话的形式出之,是苏格拉底特有的言说方式,如《会饮》《泰阿泰德》《克力同》诸篇皆是如此;有意思的是,《泰阿泰德》中苏格拉底假托的对话对象,就是眼前这位普罗泰戈拉。

成了强调"虔敬"这一德性(329c)的苏格拉底的代言人(前面提到的冈萨雷斯的"普罗泰戈拉化身"说现出了短板)。

第三次,苏格拉底继续"以意逆志",认定西蒙尼德所说的"好人"的"好"及与之相对的"坏",其区别在于是否走运,好人会出于各种原因变坏——实际上"知识被剥夺是唯一的厄运",因此"西蒙尼德"诗云:"我绝不会为了空虚的希望虚掷生命……在世间寻觅一个无瑕的好人。"(344e-345c)就是在这个关键的地方,苏格拉底在人们不经意间将知识与德性混为一谈,并与西蒙尼德的诗文解读配合得丝丝入扣。我们知道,"知识=德性"是苏格拉底哲学的核心命题,人们此时几乎已可认定,这里的"西蒙尼德"即是苏格拉底的代言人(冈萨雷斯的"普罗泰戈拉化身"说濒临破产)。

然而,若就这样给旁人猜到了心思,此人就绝不是苏格拉底。我们刚刚以为"西蒙尼德"是苏格拉底的代言人,事情又有了意想不到的转折——且看苏格拉底的第四次论证,这也是他向西蒙尼德诗文"施暴"的著名段落:哲人断言,没有人会自愿作恶("我本人坚信,一切恶行都是不自愿地犯下的")①,从而西蒙尼德的诗句"$\pi\acute{\alpha}\nu\tau\alpha\varsigma\ \delta'\ \acute{\epsilon}\pi\alpha\acute{\iota}\nu\eta\mu\iota\ \varkappa\alpha\grave{\iota}\ \varphi\iota\lambda\acute{\epsilon}\omega\ \acute{\epsilon}\varkappa\grave{\omega}\nu\ \acute{o}\sigma\tau\iota\varsigma\ \acute{\epsilon}\rho\delta\eta\ \mu\eta\delta\grave{\epsilon}\nu\ \alpha\acute{\iota}\sigma\chi\rho\acute{o}\nu$"意思不是"我赞扬和热爱一切不愿作恶的人",而应解作"我愿赞扬和热爱一切不作恶的人",从而"愿意"($\acute{\epsilon}\varkappa\acute{\omega}\nu$)这个词指

---

① 苏格拉底的断言(没有人会自愿作恶)明显有悖于常识,但人们(正如普罗泰戈拉所说)为了"显得正义",对这一说法缄默不语。

的乃是诗人自己的意愿(345de)。带着这样一种"意愿",苏格拉底版"西蒙尼德"发出了一长串令人瞠目的感言:"一个好人,一个高尚的人,经常会强迫自己去爱和赞扬某些人,例如乖庆的父母,甚或父母之邦"(345e – 346a)——这话听上去似是而非,莫非是在影射雅典(乖庆的父母之邦?)和"雅典颂"的作者们?"坏人看到父母与祖国出现的问题,往往会感到高兴,同时夸大其辞、横加指责;而好人则会掩盖问题,强迫自己发出赞美之辞"(346ab)——这一番胡言乱语,却"疯得有理",思之令人长叹:从古至今,真正的爱国者往往被视为"坏人",要想当"好人"就得学会掩盖问题、阿世逢迎!"如果父母与国家冤枉了他们,他们也要平心静气,与之和解,并强迫自己热爱并赞美本国的人民"(346b)——一段话至此接连出现三个"强迫","强迫自己去爱和赞扬某些人","强迫自己发出赞美之辞","强迫自己热爱并赞美本国的人民",说话者不平之意溢于言表,这到底是正话还是反话,满口胡柴的"西蒙尼德"还是不是苏格拉底的代言人?

旁观者此时大概和我们一样,已被苏格拉底的言辞弄得头昏脑胀;然而,哲人紧接着又开始了第五轮阐发:"西蒙尼德心里清楚,自己经常赞扬僭主一类的人,这并非出于自愿,而是被迫为之"(346b)——"赞扬僭主"在雅典可是不小的罪名,这项指控足以让民众义愤填膺,况且"西蒙尼德"自己"心里清楚"还要这么干,岂非明知故犯?好在诗人"并非出于自愿,而是被迫为之"。不过,当我们追问:是谁强迫"西蒙尼德"这样做了呢? 我们便会发现:强迫他的是他自己,还有比这更讽刺的事情么? 然而,这位"西蒙尼德"却批评庇塔库斯说:"我之所以责备你,不是出于苛刻,而是因为'在我看来,只要一个人既不坏,也没有触犯法规,信奉有利于国家的正义,这便是一个健全的人,我无从指摘'。"(346c)赞扬僭主①居然振振有词,反过来还要指责哲人庇塔库斯,我们不禁要问:一个人掩盖问题、阿世逢迎,这是自愿的还是被迫的? 言伪而辩、顺非而泽,这属于"自愿作恶"还是"不自愿地作恶"?

苏格拉底至此还不肯罢手,又开始了第六回论证:西蒙尼德曾说,"我绝不会为了空虚的希望虚掷生命……在世间寻觅一个无瑕的好人",这些诗句的意思是,"如果我等待无瑕的好人出现,那么我就不会赞扬任何人了,一个人只要达到中等程度,不作恶也就足够了,因此我愿赞扬和热爱一切不作恶的人"(346d),哲人几句话串讲了前后诗文,不着痕迹打通了全诗"主旨",随即再次小处着眼(如开篇以小品词"μέν"起兴),提醒大家注意"我愿赞扬和热爱……"这句话里"赞扬"一词的词形——正因为西蒙尼德讲话的对象是(密提林人)庇塔库斯,所以这里使用的密提林方言(346e),用貌似凿实的细节佐证无中生有的观点,真可谓兵不厌诈,

---

① "在我看来……"这一段诗当然并不见得是在赞扬僭主,奈何被置于这样的语境,就不由分说具有了这样的涵义:这一段属于"深文周纳"的经典示例,读者不妨好好体会。

虚实相生,而观众只能将信将疑,任由他上天入地。

"我愿赞扬和热爱一切不作恶的人","西蒙尼德"继续说,"而有些人则是我违心地加以赞扬和热爱的。庇塔库斯,只要你讲话基本合理且真实,我就决不会谴责你。但你以言说真理的姿态,对这个极为重要的问题大撒其谎,为此我要谴责你"(346e–347a)。——口是心非的"西蒙尼德"大言不惭,居然谴责庇塔库斯心口不一,这场景真有一种莫名的喜感,此刻的"西蒙尼德"简直就是惯会黑白颠倒的智者典型,的确有点像普罗泰戈拉的身外化身。这个"西蒙尼德"的形象到底意味着什么? 多少人苦思冥想,试图找到确切答案,而狡黠的哲人从心所欲,无迹可循。

紧跟着"为此我要谴责你"这句严厉的批评,苏格拉底呼唤当代两位大智者,就此结案陈词:"普罗迪科与普罗泰戈拉啊,这就是西蒙尼德创作这首诗歌的意图所在。"(347a)此前普罗泰戈拉在自己的"大演说"中,为苏格拉底度身打造"大不敬"之罪,并在完成这桩立法之后特意点名苏格拉底,提醒大家谁才是这项立法的打击对象(322d);现在苏格拉底在自己的"大演说"中,借"西蒙尼德"之口发出严厉谴责:"但你以言说真理的姿态,对这个极为重要的问题大撒其谎,为此我要谴责你",并在此时点名普罗迪科与普罗泰戈拉,当着大家的面将普罗泰戈拉的"点名法"还施彼身。

苏格拉底上演的这场"庇塔库斯保卫战",一方面溢美了斯巴达贤人,在雅典-斯巴达开战在即的关键时刻,强化了斯巴达对于母邦雅典而言的乌托邦功能；另一方面在打击智者的同时，致敬"意大利派"哲人群体——不要忘记，爱利亚学派乃是"意大利派"（与"伊奥尼亚派"对立的西方哲学另一大起源）传承系统中的重要环节，而"意大利派"的始祖便是希腊"七贤"之一的庇塔库斯：庇塔库斯—斐瑞居德斯—毕达哥拉斯（"意大利派"开创者）—特劳格斯—**巴门尼德**—**芝诺**—留基伯斯—德谟克利特（第欧根尼《名哲言行录》1.13,1.15,1.116）。

此前苏格拉底戏仿普罗迪科，只是大戏开台之前的垫场，在当前的这篇"大演说"中，哲人以讲述"真实看法"的名义，和人们开了一个更大的玩笑：不仅是篇末的"点名法"，这整篇演说即是对普罗泰戈拉"大演说"的一场"还施彼身"的戏仿。能够"现挂"一篇周全的演说辞，不但做到自圆其说，还在回防的过程中反守为攻，天下有这等智计者，原来不只普罗泰戈拉一人。哲人从可疑的论点出发，而能做到论据扎实，论证严密，逻辑通畅，圆转如意，听者满腹疑窦，却无话可说——这固然是在对西蒙尼德的诗文施暴，同时也是对全场（包括智者群体）的智力碾压。

苏格拉底言毕，四下里鸦雀无声。不但一向积极表态的民众默然不语，遭到"谴责"的普罗泰戈拉与普罗迪科也闭口不言。本轮决战开始之前，普罗泰戈拉昂然言道："苏格拉底，诗教是教育最重要的部分。"(338e)现在即便未明所以的观众都看得出来，苏格拉底不但通过论诗打败了普罗泰戈拉,更以对方擅长的长篇演说完胜对手。谁才是智识界的真王者?哲人亲身给出了证明。这一寂静无声的时刻,便是众人目睹苏格拉底登上智识界王座的时分。

（七） 第二"合唱歌"　阿尔喀比亚德的选择①

就在这时，希庇阿斯打破了沉默：苏格拉底，你解说得很好，而我对此也有很好的研究，不妨向你展示一下（347ab）。这个聪明人很明白，现场的沉默意味着什么：此时再不发声，只怕以后就没有问鼎巅峰的机会了。然而，阿尔喀比亚德立刻打断了他的话：很好，希庇阿斯，不过下次吧！现在应该回到普罗泰戈拉与苏格拉底之前的约定，继续他们的问答（347b）。阿尔喀比亚德对希庇阿斯的心思了如指掌，果断出手予以拦截，同时下手围堵普罗泰戈拉，将话题拉回到苏格拉底预设的轨道，两句话便掌控了局面。十二年后（公元前420年），普罗泰戈拉被雅典人驱逐出境，同年希庇阿斯以厄里斯大使身份再赴雅典（《大希庇阿斯》），那时正值阿尔喀比亚德当选将军大权在握，掌控局面的还是这个青年。

于是苏格拉底便对普罗泰戈拉说：讲论诗歌就到此为止，我们还是回到开篇的问题吧（347bc）。开篇的问题即"德性"问题，即"你以言说真理的姿态，对这个极为重要的问题大撒其谎，为此我要谴责你"的那个问题。在我看来，聚会的时候讲论诗歌，就像是市井之徒的二流聚饮，他们往往

---

① 在"第二合唱歌"这个地方，三大智者的歌队万马齐喑，只剩下苏格拉底的"歌队"——阿尔喀比亚德独领风骚，合唱歌成了独唱歌；而事实证明，歌队无需人多，有此一人足矣！

高价雇用吹笛女助兴,而有文化的人宴饮不需要那些喧闹声响,朋友之间的对话足以自娱,无论饮多少酒都能保持体面交流(347cde)。

[注11]本来讲论诗歌是有文化的人宴饮时的雅事,倒让苏格拉底说成了一大俗。苏格拉底对于诗与诗人的轻视,其最早的表达便在于此。至《理想国》篇诗人被逐出城邦,其开篇正是通过讲论西蒙尼德的诗歌进入"正义"问题的(《理想国》331c-335e),与本篇对话的意旨可以说一脉相承。此外,"有文化的人宴饮……体面交流"这一段是柏拉图对《会饮》篇的隔空旁白,这让我们想起《会饮》是与本篇关系最为密切的篇章:本篇是《会饮》之前的"会饮",而《会饮》遥遥指向了一个不在场却胜似在场的人物,那个人便是普罗泰戈拉。

苏格拉底继续说道:我们这些人聚会,根本无需外在的声音,也无需诗人的声音。诗人的意图言人人殊,没有最终的结论,优秀的人会避免那种无谓的讨论。我们应当像他们那样,把诗人丢在一边,用自己的语言彼此直接对话,检验真理以及我们自身(347e-348a)。苏格拉底刚刚在"论诗"环节力克强敌,把握了胜局,然而出人意料之外,他自己又将已有的胜局一把推翻(普罗泰戈拉认为"诗教是教育最重要的部分",苏格拉底在推翻自身胜局的同时,也推翻了对方的评价标准),转而要求对方按照自己设定的标准(即用对话来检验真理)重新来过。看来,苏格拉底现在才真正打算谈自己的"真实看法",之前那一大篇漂亮的诗论不过是障眼法,可希庇阿斯刚才还想在论诗方面与他一较短长哩。在这群聪明人组成的包围圈中,苏格拉底几进几出,直入无人之境,除阿尔喀比亚德之外,余者还有何话可说?

听了这话,普罗泰戈拉未置可否(348b)。普罗泰戈拉自己在大演说中,即是用神话震慑全体,随即将之抛到一边(324d),苏格拉底的做法异曲同工,论诗大获全胜,随即将其一把抛却。所谓斗智斗勇,面对心智深不可测而胆色过人的强敌,普罗泰戈拉沉吟不语。见此情形,阿尔喀比亚德看了卡里阿斯一眼,然后说道:你觉得普罗泰戈拉拒不表态合适吗?我可不这么认为。要么让他继续讨论,要么我们干脆换人。阿尔喀比亚德这话,特别是卡里阿斯与众人的央求,令普罗泰戈拉大为窘迫,只好同意继续讨论下去(348bc)。阿尔喀比亚德俨然以主持人自居,一句话发动了主人与在场观众,第三次出手干预了谈话进程。在场的年轻人当中,他是唯一发言三次,且每一次都能扭转或推动全局的厉害人物。天生的领袖总会脱颖而出,无怪乎此子日后令雅典为之举国若狂。

[注12]苏格拉底最初以希波克拉底为饵来"诱捕"普罗泰戈拉:"他所属的家族伟大而显赫,他的自然禀赋绝不亚于任何一个同代人,我想他渴望在这个城邦中获得声望,并相信跟着你才能最好地实现这一愿望"(316bc),现在看来,在场的年轻人当得起这番言辞的,唯有阿尔喀比亚德一人而

已。表面上苏格拉底是在请普罗泰戈拉教育希波克拉底,实际上是在旁敲侧击阿尔喀比亚德:渴望在这个城邦中获得声望的年轻人啊,你不妨看是否跟着普罗泰戈拉才能最好地实现这一愿望!接下来苏格拉底便当众(更是当着阿尔喀比亚德)与普罗泰戈拉正面交锋,这才是哲人最具胆略之处,也是他花费如许心思"诱捕"大智者的真正目的。无论如何,苏格拉底将选择权交给了这位青年,而后者当场做出了自己的判断与选择。本来普罗泰戈拉以教育者自居(317b),汲汲于教导各大城邦"最优秀的青年"(315c),但显然对当前这场论战(本质是青年争夺战)准备不足,从而与帝国未来的领袖失之交臂。群众与领袖的关系,大智者看得最是分明(317a),可他赢得了群众,却输掉了阿尔喀比亚德。至于希波克拉底对这一切是何反应?只见他全程无感、一言未发,似乎完全没有跟上苏格拉底的思路。去苏格拉底家之前,希波克拉底曾去抓捕逃奴,这个奴隶(柏拉图竟然告诉了我们他的名字)名叫萨提鲁斯(Satyrus)(《普罗泰戈拉》310c),而阿尔喀比亚德正是以此(Σάτυρος)来称呼苏格拉底的(《会饮》215ab)。希波克拉底远程抓捕逃奴无功而返,听了整场对话不知所获,他是既没抓住萨提鲁斯,也没能抓住苏格拉底。

（八）第四场　讲给普通人的故事

论战胜负已分，而讨论又回到了起点。这时苏格拉底对普罗泰戈拉说：我现在从头来过，重提向你提出过的问题，这个问题关乎智慧、节制、勇敢、正义和虔敬这五种德性（349ab）。

[注13]我们知道，智慧、节制、勇敢、正义是苏格拉底政治哲学的"四达德"，相关讨论在柏拉图对话中所在多有，唯有在《普罗泰戈拉》的这个地方，苏格拉底提出了包括"虔敬"在内的五种基本德性，这很有可能是针对普罗泰戈拉，进而针对伯里克利而发出的。①

---

①　柏拉图在对话中设定苏格拉底的谈话对象是非常考究的，主要分为两种情况：第一种属于"强中自有强中手"的类型，例如在关于修辞术的对话中，苏格拉底战胜了大修辞家高尔吉亚师徒（《高尔吉亚》），在讲论诗艺的对话中，苏格拉底像磁石一样迷惑住了善于迷惑人的颂诗人伊翁（《伊翁》），在讨论何为勇敢的对话中，苏格拉底得到了身经百战的将军们的由衷赞赏（《拉刻斯》）等等；第二种属于"当机说法"的类型，比如在《卡尔弥德》中，苏格拉底谈论节制是由于对方（克里提阿）不知节制，在《美诺》中，讲论德性则是由于对方（美诺与安虞图斯）缺乏德性等等。在柏拉图笔下，苏格拉底的言辞始终与致辞的对象息息相关：所谓因人施教，这是伟大的教师教导世人的不二法门。《普罗泰戈拉》作为柏拉图最具戏剧性的一部对话，以上两种情况兼有之：一方面，在这场比拼智术的对话中，苏格拉底力克当世三大智者，另一方面，苏格拉底坚持与普罗泰戈拉谈论德性问题，是由于对方不懂装懂，进而苏格拉底强调虔敬这一德性，更是由于对方不知虔敬。说到"不知虔敬"，除了"不信神"的普罗泰戈拉，还有一位与之关系密切的人物，那便是帝国"第一公民"伯里克利。据修昔底德记载，公元前431年斯巴达人进犯阿提卡（雅典传统势力范围），伯里克利向雅典人分析国家财源时说："……必要时，就是雅典娜神像上的黄金饰片也可以取用"（《伯罗奔尼撒战争史》:2.13.5），这是伯里克利在（有记载的）公共演说中第一次以及唯一一次提到神明，这也是最能反映其虔敬态度的一句口实。

苏格拉底继续说道:你当时的回答是,它们不是同一事物的不同名称,而是不同事物的名称,同时共同构成了德性,就像一张脸的组成部分,各部分与整体不同,相互之间也不同。如果你现在仍持这一观点,请你明言,如果观点发生了改变,也请予以说明。普罗泰戈拉果然调整了自己的观点,不过他的新答案有些出人意表:我认为这些都是德性的组成部分,其中有四个部分非常相似,但勇敢则与其大不相同。我的证据是,你会发现很多人不正义、不虔敬、不克制以及无知,然而却非常勇敢(349bcd)。普罗泰戈拉在修正自己的观点的同时,部分坚持了自己的观点(从"各部分与整体不同,相互之间也不同"到"其中有四个部分非常相似,但勇敢则与它们大不相同"),显得从容不迫、进退裕如。特别是这一回他单挑出来"勇敢"这一德性加以讨论,成功转移了关注焦点,把回答问题又变成了提出问题,不仅我们料想不到,就连苏格拉底似乎也颇感意外。

"且慢!"苏格拉底问道:你觉得勇敢的人大胆吗?普罗泰戈拉答道:是,他们甚至急切地要去做人们畏惧的事情。对此苏格拉底则说:大胆是由于具有相关知识(如潜水者的知识、战士的知识),无知而大胆不是勇敢,而是疯狂;最有智慧的人才最勇敢,由此智慧等同于勇敢(349e-350c)。苏格拉底驳斥了普罗泰戈拉"勇敢与其他德性大不相同"的提法,并由此回到了自己一贯的主张,即"知识=德性"。

这一说法立刻遭到了普罗泰戈拉的反驳:不,苏格拉底,你理解有误。你问我勇敢的人是否大胆，我给出了肯定的回答，但这不意味着所有大胆的人都是勇敢的。你论证说，有知识的人比无知者更大胆，由此得出结论说智慧等于勇敢。以此类推，你甚至可以说力量就是智慧，比如你可以设问，力量是否就是强力，我会表示同意。接下来你会问我，懂得如何摔跤的人是否比那些不懂的人更具强力，对此我仍旧得表示同意，这时你就可以用同样的路数，让我承认智慧就是力量（350cde）。刚才苏格拉底戏仿了一番普罗泰戈拉的大演说，普罗泰戈拉随后就模拟了一回苏格拉底的对话法。只要见过一次对方的招数，立刻就掌握其精髓反制其人，这两个人真是可怕的对手。在观众认定苏格拉底已经锁定胜局，精神松弛之时，柏拉图让我们意外看到了普罗泰戈拉反攻得手：深谙人心的戏剧诗人招数无穷，一边毫不留情地贬低诗人与诗歌，可他自己倒是最会作诗的那个人。

普罗泰戈拉继续说道：然而，力量不等于强力，强力可以来自知识，也可以来自疯狂或激情，而力量则源于自然禀赋以及身体的恰当培育。同理，勇敢不等于大胆，大胆可以来自技艺，或和强力一样来自疯狂或激情，而勇敢则源于自然禀赋以及灵魂的恰当培育（351ab）。这段言辞到底要表达什么？（什么叫做云山雾罩？柏拉图给我们提供了一个绝佳例证。）不过，至少有一点是清楚的，普罗泰戈拉在反驳苏格拉底的过程中，也回到了自己一贯的主张：德性（例如勇敢）是可教的（恰当培育）。

苏格拉底见状说道:普罗泰戈拉,你的意思是有人活得好,有人活得坏吗?(351b)例如有人活得勇敢,有人只是活得大胆。再次得到对方肯定的回答之后,苏格拉底又说:活得快乐就是好,活得痛苦就是坏吗?(351bc)苏格拉底把快乐与痛苦、好与坏这两组范畴搅在一起,也来了一手转移目标,把回答问题变成了提出问题。普罗泰戈拉回答说:对,只要这种快乐是美好的(351c)。这不就是在同义反复?这种回答简直没有一点毛病。苏格拉底便问他:不论其后果如何,快乐的事物本身到底是不是好的?普罗泰戈拉答道:有些快乐的事物并不好,有些痛苦的事物并不坏,此外还有第三类不好也不坏的事物。听到如此圆滑的回答,苏格拉底恍若未闻,把同样的问题又问了一遍。谁知普罗泰戈拉表现得更加滑头:苏格拉底,"让我们一起来探究这个问题吧",就像你每次讨论问题都会说的那样,且看快乐与好是不是一回事,我们能否达成共识(351cde)。这不叫"还施彼身",而是偷奸耍滑。能够化用对方的方法是一种胜利,直接挪用对方的话语却可能是失败的前兆。

苏格拉底说:那么我们两谁来引领这场探究呢?普罗泰戈拉说:你引领才是正当的,因为是你引发这个话题的(351e)。"你引领才是正当的",柏拉图偏要让普罗泰戈拉无意间说出这句话来。于是苏格拉底便对普罗泰戈拉说:请你袒露胸怀,让我认真验看,普罗泰戈拉啊,你对知识是何看法?(352ab)苏格拉底认为德性是知识,而普罗泰戈拉认为德性是技艺,"知识"问题是苏-普论战的关键。此刻苏格拉底不再迂回,上来就问对方对于"知识"的看法,就好比炫目的招式比划完毕,战斗来到了贴身肉搏的阶段。

苏格拉底问道:你和大众的看法一样吗?在他们看来,知识不是占据主导或统治地位的强有力的东西,统治人类的不是知识,而是其他事物:有时是激情,时而是快乐,时而是痛苦,还有时是爱欲,更多时候是恐惧。他们把知识当作奴仆,你也这么看吗?或者在你看来,知识是一种美好的东西,能够统治人类,只要能够区分善恶,人就不会受到任何东西的强制,只会按照知识的吩咐行事?(352bc)"或者在你看来……按照知识的吩咐行事?"这不起眼的一小段话,即是苏格拉底的"真实看法",而这个好不容易才现身的"真实看法",还是打着"在你看来"的幌子出现的。之前过尽千帆皆不是,现在忽然便来到了眼前,只看你认不认得出,哲人行事狡黠若此。回到这段话开头的问题:"你和大众的看法一样吗?"我们不妨猜一猜,以普罗泰戈拉傲睨群伦的个性,他将如何作答?

普罗泰戈拉俨然答道:正如你所说,苏格拉底,智慧和知识是世间最强有力的东西,不承认这一点是可耻的(352cd)。我们简直无法相信,大智者会如此轻易地附和苏格拉底,因为苏格拉底刚刚这样批评了"大众的看法":"在他们看来,统治人类的不是知识,……更多时候是恐惧",而在普罗泰戈拉的大演说中,统治人类的根本手段便是恐惧(325a-e),也就是说,"大众的看法"其实就是普罗泰戈拉自己的看法!不知何故,当苏格拉底终于亮出底牌,要与对方真刀真枪对决的时候,普罗泰戈拉却不肯与之作性命之搏,先是打了一套太极,眼下的回应更似有几分输诚之意。

苏格拉底大声赞道:好极了!你道出了真理(352d)。对比这一句:"你以言说真理的姿态,对这个极为重要的问题大撒其谎,为此我要谴责你"(347a)。可是你知道,大多数人并不相信我和你,大多数人固然不相信苏格拉底,却(如"入场"一幕开头的象征性场景所示)分明是信从普罗泰戈拉的(314e-315b)。苏格拉底一句话让大智者和自己站在了一起,追随普罗泰戈拉的人倒成了他的对立面。他们会说,很多人明知什么是最好的,可就是不愿去做,因为这些人被快乐、痛苦或者(我刚才提到的)其他事物征服了(352de)。人们这话说得有理。举例来说,如果统治世人的是恐惧原则,那么人们根本无法追求最好的东西(即知识),就此我们不免要问:如果国家出现了这种状况,此谁之过欤?

普罗泰戈拉的回应是:苏格拉底啊,这不过是世人不正确的说法之一。苏格拉底接言道:来吧,和我一起努力说服世人,如果我们说他们的说法"不正确"(这话可是普罗泰戈拉说的),他们也许会反问我们这到底是怎么回事?对此普罗泰戈拉又反问回来:我们为何一定要考虑大众的意见,既然他们说话总是不经思考?(352e-353b)苏格拉底借大众之口向普罗泰戈拉发问,普罗泰戈拉却直接表示了对大众的鄙视。他们亦步亦趋地追随着大智者,而大智者抛弃了跟随他的人们。在普-苏对话正式开始之前,普罗泰戈拉对苏格拉底说:智者的招数逃不过强者的法眼,而大众毫无辨别力,只会附和强者的话语(317a),私下里对民众不屑一顾;然而,接下来在面向公众的"大演说"中,普罗泰戈拉却处处以民众组成的共同体的名义,对个人行使生杀予夺的权力。现在,在苏格拉底的诱导下,普罗泰戈拉公开了自己对民众的蔑视,而这一做法实在有失"审慎":因为听到他这番言论的,除了在场的众人,还有广场上听苏格拉底转述对话的民众,后来大智者终究未能逃脱民众的敌意,当前这场对话或许就是其厄运的开始。

苏格拉底解释说:我认为这么做(即说服世人)有助于探究勇敢与其他德性的关系,如果你仍然同意我们刚才的决定,由我来引领这场探究,那么请跟随我;否则我们不妨就此罢手。普罗泰戈拉给出了肯定的回答(353b)。普罗泰戈拉又一次被苏格拉底拉回到了最初的主题,关于德性问题的第四场探究即将开始。于是苏格拉底说:如果他们问我们,所谓被快乐征服,到底指的是什么? 我会回答说:普罗泰戈拉和我会试向你们做出解释,你们所说的无非是被饮食男女之类的欲望所征服,而世人明知其为恶,却依然故我。这时普罗泰戈拉接言道:他们会承认是如此(353c)。从这个地方开始,普罗泰戈拉自觉担任了对谈者的角色,随后二人默契娴熟地一问一答,一唱一和,大智者前后共应和了苏格拉底十

的大演说令苏格拉底心神摇曳,而苏格拉底的哲学对话则"精准凝练"、"一招制敌"(这正是苏格拉底描述的斯巴达人的讲话风格,见342de),最后苏格拉底以精妙绝伦的对话式大演说完胜对手,全场鸦雀无声;唯有这第四场探究(351b – 357e),既无神话,也无诗歌,亦无哲学,讲的都是些常识,不过是日常说理,似乎不见了巅峰对决的精彩,平淡得有些反高潮。然而,也唯有这第四场讨论,由于放弃了豪华的"炫技",纯以说理为目的,是一场真正关乎常情常理的"探究"。实际上,没有前三场的高潮迭起,就没有这最后一场的返璞归真。究其根本,本场讨论的对象是城邦共同体中占大多数的世上常人("来吧,和我一起努力说服世人"),苏格拉底带去现场的希波克拉底是雅典核心阶层当中常人的典型,而苏格拉底向其转述对话的那位无个性、无名字的"朋友"即是更广泛意义上的常人的代表。普罗泰戈拉表面上是民主政治意识形态的支持者与倡导者,然而他内心却对民众极度蔑视,苏格拉底看似反对国家主流意识形态,却始终不曾放弃对民众的教育,他身在卡里阿斯家的内院,这番致辞却意在民众群集的广场。纯知识的讨论适用于智识群体,关于快乐与痛苦的讨论则与世人的欲望与激情密切相关,正因为这番致辞的对象是这世上的常人,苏格拉底才会反复论述快乐-痛苦问题:"世人啊,如果你们问我","我所有的论证都基于这一点"。

苏格拉底继续说:不过,好和快乐是不同的东西,坏和痛苦也是不同的东西。如果对你们来说,快乐地过一辈子就够了,人生的好与坏不过是以快乐或痛苦告终而已,那么你们之前的说法,即"很多人明知是坏事,可还是要去做(以及明知是好事,却不愿去做),是因为被快乐征服了",就会显得非常荒谬:因为"好=快乐",人们做坏事是被快乐征服了,也就是被"好"征服了,向宙斯起誓!如果听者是个傲睨神明(ὕβριστος)的人,他会哈哈大笑,然后问我们:人们做坏事是因为被"好"征服了,那么"好"到底能不能征服"坏"?对此我们将毫不含糊地回答:不能。如果能的话,做坏事"是因为被快乐征服"的那种人就不会做坏事啦(355abcd)。

[注15]这段话的精彩程度实在不亚于前三场。为了反对世人"好=快乐"的常见常识,苏格拉底推导出了这一谬论:人们做坏事是因为被"好"征服了——当人类发明的逻辑反噬自身,就连神明也无能为力!偏偏在这个极荒谬的地方,苏格拉底再一次以宙斯的名义起誓,这让我们想起上一次他呼唤宙斯之名,正是在他一本正经地戏弄普罗迪科和全体观众的时候(340e-341e)。看来,恐怕不是听者,而是说者才"傲睨神明"的人:总拿城邦的神明开玩笑,这便是柏拉图所描绘的苏格拉底的形象。当听者大笑问道:人们被"好"征服而做了坏事,那么"好"到底能不能征服"坏"?这其实提出了一个无解的问题:人们做坏事是因为被"好"征服了,但"做坏事"本身意味着"好"未能征服"坏";反之,如果"好"不能征服"坏",人们也就不会做坏事了,从而"好"就

征服了"坏"。就此苏格拉底毫不含糊地回答:"不能",因为如果能的话,"被快乐征服"做了坏事的人就不会做坏事了,而这恰恰说明苏格拉底在一开始的说法是正确的:"好和快乐是不同的东西。"

苏格拉底继续说:可是,这位听者也许会说,所谓"好"能否战胜"坏",恐怕取决于二者相对而言的大小多少吧。事情就是如此(355de)。

[注16]听者分有着苏格拉底的智力,不断将对话向前推进(随着听者的出现,普罗泰戈拉被取消了对谈者的功能)。不知"事情就是如此"这句话是听者说的,还是苏格拉底说的,总之在这句达成共识的话之后,两人就合二为一,"傲睨神明"的听者从此再无踪迹(当听者消失之后,普罗泰戈拉重新开始应和苏格拉底)。实际上听者就是苏格拉底的分身,"如果听者是个傲睨神明的人",此即柏拉图第一次暗示苏格拉底"傲睨神明"之处。

苏格拉底继续说道:现在我们用"快乐"与"痛苦"这些名词把事情再说一遍:人们做痛苦的事情是因为被快乐征服了,而快乐是否能征服痛苦,取决于二者相对而言的大小多少。就像一个善于衡量的人,将"快乐"与"痛苦"置于天平两端,然后根据其远近大小做出判断取舍。人们是否走运取决于抓大放小,因而拯救我们人生的不就是"衡量的技艺"($\mu\varepsilon\tau\rho\eta\tau\iota\kappa\grave{\eta}\ \tau\acute{\varepsilon}\chi\nu\eta$)?还有一种似是而非的力量,让我们误入歧途,瞻前顾后,举棋不定,最后懊悔不已;而衡量的技艺能够消除幻象,昭示真理,让我们的灵魂在真理中宁静地栖息,以此拯救我们的人生。世人啊! 拯救人生要靠正确地抉择,这首先需要进行衡量,而衡量必然是一种技艺或知识。之前我和普罗泰戈拉曾达成共识,知识是世间最强有力的东西(见前文352bcd),它支配着快乐以及其他事物。而你们却说,快乐甚至能够统治懂得这个道理的人。当你们问我们:"被快乐征服"到底指的是什么? 我们的回答是:此即无知(ἀμαϑία)。人类犯错是由于缺乏衡量的知识,所谓"被快乐征服"就是最大的无知(355e‐357e)。

[注17]苏格拉底这番面向世人的讲辞,起始于一连串的提问:有人活得好,有人活得坏吗? 活得快乐就是好,活得痛苦就是坏吗?(351bc),完成于斩钉截铁的回答:人类犯错是由于缺乏衡量的知识,所谓"被快乐征服"就是最大的无知(357e),当中包含了哲人与听者的"对话"(其实是苏格拉底自己与自己的对话),又包裹在哲人与普罗泰戈拉的"对话"之中(普罗泰戈拉全程应和苏格拉底),实为《普罗泰戈拉》中不易为人察觉的第三次大演说。苏格拉底在前面的"大演说"中说过:知识被剥夺是人类唯一的"厄运"(κακὴ πρᾶξις)(345b),现在他又在这场演说中告诉我们:人们是否"走运"(εὖ πράττειν)要靠衡量的技艺或知识(356d),哲人几次三番就知识与人生的关系问题正说反说,吾道一贯而致意再三。"还有一种似是而非的力量,让我们误入歧途,瞻前顾后,举棋不定,最后懊悔不已;而衡量的技艺能够消除

幻象,昭示真理,让我们的灵魂在真理中宁静地栖息,以此拯救我们的人生"(356de)——从这个地方开始,苏格拉底的讲辞呈现出一种前所未有的风格。哲人关注灵魂的安宁,关心人类的拯救,其中除了"怜我世人,忧患实多"的爱与悲悯,同样动人的还有对知识的坚定信念:人类犯错是由于无知,而知识能够拯救人生。这与苏格拉底时代的悲剧精神背道而驰:无知是人类的(古希腊式)原罪,这是人之存在的真相,也是人无可避免的厄运。悲剧诗人如发布神谕一般,向我们揭示人类的悲剧命运,苏格拉底则以"神圣喜剧"的风格发表了一篇布道文,向世人传播知识拯救人生的福音。不过,在希腊人的"我们的海"(地中海)彼岸的犹太教信仰中,原罪恰恰来自对人类无知状态的破坏——知识树上的果实是一只"毒苹果",苏格拉底相信知识将引领人们进入的福岛,而在他们看来,那是撒旦引诱人们堕落的地狱入口。

（九） 第三合唱歌 三大智者齐声唱和
苏格拉底

就这样,苏格拉底结束了自己的演讲。接下来他话锋一转,对在场者说:这位普罗泰戈拉,还有普罗迪科和希庇阿斯,他们都声称自己能治疗"无知"的毛病,而你们却不肯承认此为无知(即"被快乐征服"),不但自己不向智者学习,也不送孩子们向这些智者学习。他们是专门教这些东西的教师——你们却觉得这些东西无法教授,舍不得交钱给他们,因此在个人生活以及城邦生活中都"不走运"。这就是我们对众人的回答(357e-358a)。谁能想到,苏格拉底这番言辞的最后落脚点会在这里。人们何曾说过觉得这些知识无法教授?并且,在苏格拉底带希波克拉底来卡里阿斯家之前,这个青年不是哪怕倾家荡产也要跟着普罗泰戈拉学习吗?苏格拉底当着众人的面完胜三大智者之后,现在反倒批评起大家来,责备他们不肯踊跃购买三大智者的知识付费课程。不花钱买知识就不走运:如此生硬的推销,只怕效果会适得其反。"这就是我们对众人的回答":苏格拉底究竟要表达什么意思,在场者(特别是希波克拉底)都好好想想吧。

苏格拉底转而对三大智者说:我想问问你们三位,请你们一起来回答这个问题,刚才我说的是真话还是假话? 结果三大智者一齐说:你讲的再真实不过啦(358a)。"请你们一起来回答这个问题"：从这一刻开始，苏格拉底把三大智者捆绑在了一起。刚才哲人口出诳语，现在偏偏却要让三大智者来评判这话是真是假。观众大概都已心中雪亮，而三大智者关心则乱，理解力一起出现问题，听不出苏格拉底的反讽，不免给旁观者看了好戏。

苏格拉底说：你们都同意快乐的事物是好的、痛苦的事物是坏的吧？——在此我请求普罗迪科不要再辨析"欣喜"、"快乐"和"高兴"等词汇的区别，而是直接回答我的问题本身。普罗迪科笑了，对苏格拉底的说法表示同意，其他人也是如此（358ab）。本以为关于快乐和痛苦的讨论已经结束，谁知苏格拉底还要把三大智者再集体修理一遍。面对苏格拉底的揶揄，普罗迪科笑了：年长的智者真心欣赏苏格拉底，很好地保持了风度与幽默感；或者说，戏剧诗人柏拉图要这场智力比拼不全是剑拔弩张，也要有轻松可爱的时分。

苏格拉底接着说：从而，一切朝向无痛苦的快乐生活的行为，都是美的、有益的，而美的行为也是好的、有益的。三大智者全都表示同意。苏格拉底又说：没有人明知有更好的事情还要做眼下不该做的事；被自身征服是出于无知，做自己的主人则是一种智慧（358bc）。苏格拉底制造的智者-诗人"西蒙尼德"的形象，就是"被自身征服"的最佳例子："他的看法是，一个好人、一个高尚的人，经常会强迫自己去爱和赞扬某些人……迫使自己发出赞美之辞……西蒙尼德心里清楚，自己经常赞扬僭主一类的人，这并非出于自愿，而是被迫为之。"他们再次全都表示同意。苏格拉底继续说:那么,无知是否意味着错误的意见,以及在重要的事情上受到了欺骗? 他们仍旧全都表示同意。苏格拉底总结说:由此可见,没有人会有意追求坏的事物,因为这违反人之天性。大家无一例外全都表示同意(358cd)。**苏格拉底每说一句,三大智者就齐声应和一句;哲人用他的逻各斯之网把三大智者都裹挟了进来,成功地把他们改编成了自己的歌队。**

　　苏格拉底继续说:现在该说说害怕或恐惧这种东西了。普罗狄科啊,不知你是如何定义恐惧的,我将之定义为对坏的事物的预期。普罗泰戈拉和希庇阿斯都表示同意,普罗狄科则认为这个定义只适用于害怕,而不适用于恐惧。**老智者本性难移,故态复萌。**苏格拉底只好打断他说:普罗狄科,这无关紧要。关键在于,如果我们之前讲的是真的,就不会有人愿意追求令他恐惧的事物,因为人们恐惧的就是坏的,又有谁会愿意追求坏的事物呢。这一回他们全都表示同意(358d-359a)。**恐惧是立法者普罗泰戈拉用以统治人类的根本手段(325a-e),看来苏格拉底正在缩小包围圈,向普罗泰戈拉悄然逼近。苏格拉底(像上次那样)转向普罗迪科,询问他是否同意自己的观点,这本该引起普罗泰戈拉的警觉,而大智者却随口表示同意对方的说法,可见对"坏的事物"缺乏"预期"。**

（十）退场　告别懦夫与勇者的战争

这时苏格拉底便说:既然上述观点得到了大家的认可,那么就请普罗泰戈拉对自己此前的说法作一番辩护吧。**矛头果然指向了普罗泰戈拉。我指的不是他一开始的说法,他当时坚持美德的五个部分各不相同,功能也不相同。提醒大家他已经错了一次。**而是指他后来的观点,即美德的五个部分中有四个非常相似,只有勇敢与其他部分大不相同。**提醒大家他即将再错一次。**当时我对这个回答感到非常惊讶,在你们的帮助下对此进行讨论之后,我就更加惊讶了(359ab)。**"在你们的帮助下"——多亏三大智者(包括普罗泰戈拉自己)的"帮助",苏格拉底进一步认识到了普罗泰戈拉的错误!普罗迪科与希庇阿斯自此闭口不言,只剩下普罗泰戈拉不得不独自面对苏格拉底。**

苏格拉底接着说:当时我问普罗泰戈拉,勇敢的人大胆吗? 他说是,甚至是急切(地要去做人们畏惧的事情)。现在我要问,勇者急切地要去做的事情与懦夫做的事情一样吗? 普罗泰戈拉答道:不一样(359bc)。**苏格拉底的这一提问颇具误导性,因为人们一般都会很自然地认为二者不一样,普罗泰戈拉在此也给出了符合常识的回答,注意苏格拉底此后给出了与之相反的/违反常识的答案(见下359e)。**苏格拉底又问:是否懦夫只敢做他有胆去做的事情,而勇者则敢于去做可怕的事情? 普罗泰戈拉答道:不错,世人的说法便是如此(359c)。原来傲睨群伦的普罗泰戈拉有时也会参考"世人的说法"。实际上,普罗泰戈拉说出"我们为何一定要考虑大众的意见,既然他们说话总是不经思考?"那句话的语境,正是在苏格拉底评论"大众的看法"的时候,而苏格拉底所说的"大众的看法"其实就是普罗泰戈拉自己的看法(352b-353b)。苏格拉底说:问题在于,你说勇者急切地要去做可怕的事情,那么他们认为这些事情可怕吗? 普罗泰戈拉答道:你刚才已经证明,这是不可能的。苏格拉底便说:不错,没有人会去做自己觉得可怕的事情,因为我们已经知道,被自身征服(明知不好还要去做)即是无知。普罗泰戈拉承认是如此(359cd)。

苏格拉底继续说:不论懦夫还是勇者,做的都是他们敢于去做的事情,就此而言,他们做的是同样的事情(359e)。苏格拉底刚才向普罗泰戈拉提问:勇者急切地要去做的事情与懦夫做的事情一样吗? 普罗泰戈的回答是:不一样。然后苏格拉底问道:是否懦夫只敢做他有胆去做的事情,而勇者则敢于去做可怕的事情? 得到对方肯定的回答之后,苏格拉底指出,勇者并非敢于去做可怕的事情,他所做的无非是自己(用衡量的知识加以判断之后)敢于去做的事情,因此,无论懦夫还是勇者,做的都是自己敢于去做的事情,从而他们做的是"同样的事情"。就此普罗泰戈拉立刻反驳道:苏格拉底,他们做的是截然不同的事情,比如勇者愿意上战场,懦夫却不愿意（359e）。普罗泰戈拉这回站在了"世人的说法"一边，开始捍卫常识。但问题是，普罗泰戈拉的具体例证（勇者愿意上战场，懦夫却不愿意）并未跳出苏格拉底的抽象概括之外：愿意上战场固然是勇者敢于去做的事情，不愿意上战场也是懦夫敢于去做的事情啊。

苏格拉底因此问道：战争是一桩美事，还是一件可耻的事情？普罗泰戈拉回答：是一桩美事（359e）。《普罗泰戈拉》这场对话的背景是希腊世界新老霸主（雅典与斯巴达）开战在即，苏格拉底在这一背景下提出这一问题，绝非泛泛而发，可以说直指人心。而普罗泰戈拉的回答也非泛泛，实际上在这个关键节点维护了国家主流意识形态话语（为国上战场光荣、不上战场可耻），更何况这本就是古希腊以"卓越"（其核心为武德）为美的传统价值观念。苏格拉底便说：既然是一桩美事，如我们之前所说的，也就是一件好事喽。普罗泰戈拉答道：没错，我完全同意（359e）。苏格拉底曾参加过三次九死一生的残酷战争，可我们还未听说过普罗泰戈拉参与过任何战事。除了战争狂人之外，歌颂战争的往往是没有亲身上过战场的人；正如在真正的勇敢的两侧，一边是无知而大胆的疯狂，一边是无知也无胆的怯懦。

苏格拉底说：非常正确。可是，尽管上战场如此美好，可还是有人不愿意去，你说这属于哪种人？普罗泰戈拉答道：懦夫。苏格拉底说：既然既美且好，这也就是快乐的事情喽。普罗泰戈拉答道：当然（359e-360a）。现在普罗泰戈拉已无法改口,只好接受这一违反常识的断言:上战场是快乐的事情。苏格拉底继续说:所以,懦夫明知如此,却不愿追求更美好、更快乐的事情,而勇者却会急切地追求这些事情? 普罗泰戈拉表示同意(360a)。懦夫明知上战场是快乐而美好的事情,却不愿追求,百般抗拒(各种耍滑头、打太极),这不就是"被自己征服",不就是无知? ——这说的好像就是眼前这位普罗泰戈拉啊。

苏格拉底接着说:那么,一般说来,无论勇者感到恐惧与否,并无可耻之处;反之,懦夫或莽汉和疯子的恐惧与狂妄,都是可耻的。他们之所以有这样的表现,不正是由于愚蠢与无知吗? 普罗泰戈拉答道:正是如此。苏格拉底继续说:懦夫因为无知而为懦夫,他们也因为懦弱而为懦夫,对可怕的事情无知岂不就是懦弱? 对此普罗泰戈拉点头表示同意。苏格拉底又说:勇敢无疑与懦弱相反,此外,知道什么可怕什么不可怕的智慧也与无知相反吧? 普罗泰戈拉对此仍然点头同意。苏格拉底接着问:无知即是懦弱吧? 对此普罗泰戈拉十分勉强地点头。至此苏格拉底便说:因此,知道什么可怕什么不可怕的智慧就是勇敢。此时普罗泰戈拉不再点头,默然不语(360bcd)。在第四场关于德性的探究开始之初,普罗泰戈拉提出勇敢与其他四种德性大不相同。苏格拉底就此进行反证,提出无知而大胆是疯狂,有智慧而大胆才是勇敢,从而知识(智慧)等同于勇敢。当时普罗泰戈拉立刻提出反驳,指出若以此类推,甚至可以将力量等同于智慧云云

(349e－350e)。经过漫长的智力鏖战,现在苏格拉底再次回到原点,并再次得出知识(智慧)等同于勇敢这一结论,这一次普罗泰戈拉终于无言以对。注意普罗泰戈拉的表现,从出声应答到只是点头,再到十分勉强地点头,最后不再点头,默然不语:他已经意识到对方强大的论辩逻辑将把这场对话带到何处去,然而却对此无能为力,这真是一场令人倍感煎熬的苦战,谁说战争是"快乐的"呢?

苏格拉底见状说道:普罗泰戈拉,你怎么啦? 对我的问题既不说是,也不说否? 普罗泰戈拉说:你自己完成对话吧(360d)。三笑。苏格拉底说:我还想问你最后一个问题。你是否还像当初那样认为,人们可以既无知而又非常勇敢?(360de)苏格拉底真是一只锲而不舍的牛虻。普罗泰戈拉答道:你出于好胜,让我担任对谈者,为了让你高兴,我会说这是不可能的(360e)。对话是为了探求真理,岂是为了让对方"高兴"? 好胜的智者不肯坦承自己的错误,这样的下台方式可不够漂亮。于是苏格拉底便说:我提这些问题并无其他用意,只是想探究与德性有关的事物,以及德性本身究竟是什么。开始你认为德性可教,而我认为德性不可教;可我们一番探究下来,结果却恐怕会遭到世人的嘲笑:苏格拉底和普罗泰戈拉啊,你们可真是荒谬啊! 你们其中的一个在开始的时候认为德性不可教,后来却极力证明德性是知识,而德性如果是知识,看上去就是可教的;另一个则一开始就宣称德性可教,然而却否认它是知识,可是德性如果不是知识,那么显得就是不可教的(360e－361c)。

[注18]苏格拉底在表明自己用意的同时温言抚慰对方,并对双方的观点进行批评与自我批评式的回顾与总结,此为真正的强者的姿态。不过,苏格拉底的总结是成问题的,问题部分出在他自己身上:苏-普分歧的关键在于,苏格拉底将德性等同于知识(ἐπιστήμη),普罗泰戈拉将德性等同于技艺(尤指政治技艺,πολιτικὴν τέχνην),普罗泰戈拉固然对"技艺"缺乏基本的界定,苏格拉底却不时将"知识"与"技艺"混为一谈,以他的关键性提法为例:拯救我们人生的是"衡量的技艺"(μετρητικὴ τέχνη)……拯救人生要靠正确地抉择,这首先需要进行衡量,而衡量必然是一种技艺或知识……人类犯错是由于缺乏衡量的知识,所谓"被快乐征服"就是最大的无知(356d－357e)等等,这直接导致"作为知识的德性"与"作为技艺的德性"出现了界定困难。

从苏格拉底的有关论述来看,"知识"大致可分为两种:第一种是"潜水者的知识、战士的知识"等技术性知识(这其实就是"技艺"),这种知识/技艺无疑是可教的;第二种是关于德性的知识,即分辨、衡量好坏善恶的"技艺或知识",这种知识/技艺是否可教则是成问题的——在《普罗泰戈拉》注疏者拉里·戈德伯格(Larry Goldberg)看来,苏格拉底一直试图在对话中教给普罗泰戈拉关于德性的知识,而哲人的努力终告失败本身恰恰说明了这种知识是不可教的(*A Commentary on Plato's Protagoras*, New York: Peter Lang Publishing

Inc. ,1983,p.305)。从而,苏格拉底的总结有一半是清晰的("你们其中的一个在开始的时候认为德性不可教,后来却极力证明德性是知识","另一个则一开始就宣称德性可教,然而却否认它是知识"),另一半则是含混的,或曰具有误导性("德性如果是知识,看上去就是可教的","德性如果不是知识,那么显得就是不可教的"),因为德性是否可教,与其是不是知识(或技艺)无关,而与其是什么样的知识(或技艺)有关。

不论双方的观点各自存在着怎样的问题,苏格拉底与普罗泰戈拉之间戏剧性的对决(面向雅典社会核心阶层,同时也面向最广泛的民众)最直接的后果是,在雅典与斯巴达争夺希腊世界领导权的大战爆发前夕,普罗泰戈拉(雅典民主制国家意识形态的支持者与倡导者)被苏格拉底(所谓斯巴达哲学传统的继承者与复兴者)证明不足以胜任希腊世界德性与智慧的教师,至于这场论战更深远的后果与影响,则要等到"后伯里克利时代"才会逐步显现出来。那么,世界需要什么样的德性教育,该对人们进行怎样的哲学启蒙?此即《普罗泰戈拉》这部对话提出的时代命题,这也是见证了这一思想暨政治事件的雅典精英群体亟待思考的问题。

苏格拉底最后发出呼吁:普罗泰戈拉啊,我希望我们继续当前的谈话,厘清德性究竟是什么,再来考察它可教与否。如果你愿意,我将很乐意与你一起探究下去。普罗泰戈拉则回答说:我欣赏你的热情以及你的论证方式,我并不坏,而且是最不会嫉妒人的,我曾经和很多人说过,你是我遇到的人当中、特别是你这一代人当中最令我赞赏的一位。如果你以智慧闻名于世,我并不会感到惊讶。只要你愿意,我们可以日后再谈这一话题,现在我们该去做其他事情了。于是苏格拉底便说:好吧,我也早该去赴约了,我之所以留下来,本是为了满足漂亮的卡里阿斯的要求(361c - 362a)。苏格拉底再次发出战斗邀请,而普罗泰戈拉不肯继续缠斗,转而向对手致以慷慨的赞美:"我并不坏"这句话看似突兀,实则用词精准——明知上战场是快乐而美好的事情,却不愿追求,百般抗拒,此即"被自己征服",亦即无知,而无知乃是世间"唯一的厄运",也就是最大的"坏",普罗泰戈拉对这些潜台词心知肚明,同时也明白苏格拉底抨击诗人西蒙尼德"渴望赢得智慧的声誉"、试图推翻前人的说法以期"举世闻名"之所指,因此特意解释自己"是最不会嫉妒人的",并用对方的语言赞美对方:如果你"以智慧闻名于世",我并不会感到惊讶云云。就这样,聪明过人的普罗泰戈拉表示接收到了对方发出的信号,同时向对手充分传达了自己的好意,当苏格拉底听到这些话,便撤回了战斗邀请,保全了智者之王最后的尊严,也照顾了主人卡里阿斯的颜面,雅典帝国内部这场空前绝后的思想交锋得以体面收场。

[注19]苏格拉底出生于雅典,雅典从伯里克利时代开始被称作智慧之城,这与伯里克利支持的智者运动密不可分。苏格拉底作为智者群体发动的启蒙运动的受益人,可以

说是当代智者中最大的智者，也是在智者启蒙运动中成长起来的第一个反对这场启蒙的哲人。苏格拉底的论证方法部分来自智者派代表人物普罗泰戈拉（据第欧根尼记述，所谓苏格拉底式的论证方法其实是普罗泰戈拉首先提出的，见 Diogenes Laertius, *Lives of Eminent Philosophers*, Book IX, 8.53），而他批判智者派多元哲学的理论工具则主要来自信奉一元哲学的爱利亚学派大哲巴门尼德与芝诺，柏拉图的《巴门尼德》与《普罗泰戈拉》即是对上述情况的重点描摹与集中反映。

爱利亚学派创始人巴门尼德来自希腊以西意大利半岛的爱利亚，智者派代表人物普罗泰戈拉来自希腊北部色列斯地区的阿布德拉，这两地的哲学看似天南海北、千差万别，实际上却是一母所出、同宗同源。公元前546年，地中海地区的"世界局势"发生巨变，亚洲大帝国波斯征服了小亚细亚的统治者吕底亚帝国，直逼小亚细亚沿海希腊各部族聚居地，希腊诸部胆战心惊，立即主动向波斯居鲁士大帝表示臣服，却遭到断然拒绝。希腊人欲作顺民而不得，面对波斯大军，或举城逃亡，或全民战死，其中有两个希腊伊奥尼亚族城邦成功逃亡，一个是弗凯亚，另一个是提奥斯（希罗多德，《历史》：1.163－169）。弗凯亚人西行至意大利，建城爱利亚，爱利亚学派大哲巴门尼德与芝诺便出生在这里；提奥斯人则北上至色雷斯，重建阿布德拉，此即大智者普罗泰戈拉的生身之地。两个原本同宗同源的城邦，作为小亚细亚的希腊伊奥尼亚族人最后的余脉,依照命运的安排,在新的土地上发展出了截然对立的哲学流派。

爱利亚与阿布德拉都是希腊伊奥尼亚族的移民城邦,而雅典则是伊奥尼亚族城邦的龙头老大。随着雅典帝国的崛起,地中海地区的"世界局势"重新洗牌,希腊各部族、特别是伊奥尼亚族人迎来了辉煌的黄金时代。爱利亚与阿布德拉共同关注着雅典事业的发展,而帝国"第一公民"伯里克利毫无保留地选择了阿布德拉。信奉一元哲学的爱利亚大哲巴门尼德是旧时代(前雅典帝国时代)的立法者,信奉多元哲学的阿布德拉大智者普罗泰戈拉顺理成章成了新时代(雅典帝国时代)的立法者。问题在于,雅典在希腊城邦林立的基础上拿来了东方帝国的制度原则,大帝国的统治原则("一")该如何与各个自治城邦的现实政治("多")统一起来?这是帝国时代思想者与政治家必须面对的问题。在所有这些人当中,似乎是苏格拉底最早意识到,雅典当前更需要的是爱利亚。当伯里克利尚在之时,苏格拉底便开始致力于消弭其影响,前者支持与民主制国家意识形态相得益彰的多元哲学,而后者强调与国家主流意识形态背道而驰的一元哲学,这两支对立的哲学流派,就这样再次按照命运的安排回到了母邦,并通过苏格拉底汇聚在了一起。

回到苏格拉底与普罗泰戈拉的论战,这场论战的基本关切是政治问题,而政治问题归根到底是哲学问题:德性的本质到底是"一"还是"多"?主张"一"中之"多"的苏格拉底战胜了主张"多"的普罗泰戈拉,从而动摇了雅典民主制国家的多元哲学根基。实际上柏拉图笔下苏格拉底的思想与言辞对于国家的"危害",可以说远在阿里斯托芬的《云》当中勾勒的漫画式的"思想所"之上。不少研究者认为,柏拉图的《普罗泰戈拉》是针对阿里斯托芬的《云》为苏格拉底所作的辩护;然而,这两个文本之间虽然确实有着精密的互文关系,我们却不必因此对柏拉图的意图做出如此立场鲜明的判断。哲人-诗人柏拉图或许只是在向人们"如实(诗性真实)"展示自己心目中的苏格拉底,他不必去洗白,或辩护,或捍卫,像人们通常认为苏格拉底的另一个著名的学生色诺芬所做的那样,而是通过戏剧舞台上人物的行动与言辞告诉我们:如是我见,世间曾经存在过那样一个非凡的人(看啊,那个人!)。

全篇最后一句话是由苏格拉底说出的(正如一出戏剧结束之时,通常要由主人公讲最后一句话),他告诉广场上的"朋友":谈话结束了,我们就此离去(362a)。

一场如此辉煌的对谈,苏格拉底就这样一把收起,掉头便走,潇洒至极。这场对话的受众,除了在场者,还有广场上的人们,以及观看广场一幕的我们——他们和我们大都是世上的常人,《普罗泰戈拉》即是一部讲给常人的故事。这个故事属于苏格拉底的时代,也由于我们的存在,属于每一个时代。现在故事已经讲完,曲终人散,我们也可以离去了。

【落幕　剧终】

序志　柏拉图重写雅典帝国衰亡史

　　古希腊是西方世界文明之源,全盛时期的雅典是"全希腊的学校",曾经辉煌的雅典帝国,①是古代希腊命运之轮从极盛转向衰落的顶点;思考雅典帝国,就是思考整个西方与现代世界。古希腊三大史家希罗多德(约前484年—约前

---

　　① 雅典帝国纪年从公元前478年算起,这一年雅典军队攻陷塞斯托斯,将波斯帝国的势力打回亚细亚,并于同年冬天建立了提洛同盟;到公元前404年为止,这一年雅典向斯巴达投降,第二次伯罗奔尼撒战争结束。人们通常认为,雅典帝国始于公元前454年(这一年提洛同盟的金库从提洛岛转移到了雅典,以此为标志,提洛同盟沦为帝国统治工具),但其实早在同盟成立之初,雅典已继承了波斯的贡金制度(此为波斯帝国统治的制度基础),由雅典人任命的"希腊财政官"负责收取管理盟邦贡金,同时像波斯帝国那样四处武力扩张,并于公元前466年镇压了"叛变"的盟邦那克索斯,"这是雅典违背盟约而奴役同盟城邦的第一例,之后同盟的其他城邦就这样逐个地遭到了奴役"(修昔底德《伯罗奔尼撒战争史》1.96－98)。可见公元前454年提洛同盟金库转移到雅典这一事件,只是雅典帝国公开背弃盟约、无视统治合法性问题、彻底走向"帝国主义"的一个标志。

430 年)、修昔底德(约前 460 年—约前 400 年)、色诺芬(约前 430 年—约前 354 年)作为前后相继的三代人,其经典史著合而观之,是一套首尾连贯的叙事:雅典如何在一代人的时间里赢得了帝国,又如何在一代人的时间里永远失去了帝国,雅典帝国的兴亡,正是三大史家合力锻造的历史中心事件。

希波战争(前 499 年—前 449 年)造就了雅典帝国。面对来自外部的、东方的波斯帝国的压力,雅典形成了一套自由反对专制的话语,将对方描述为野蛮的专制帝国,自己则成了自由的化身。① 波斯帝国原属地哈利卡纳索斯人希罗

① 希罗多德曾根据"全体希腊人的说法"(《历史》:6.134),记录了马拉松战役统帅米太亚德的嘉言懿行:米太亚德劝告将军卡利马科斯,"今天是在两件事情中任凭你来选择的日子,或者是你使雅典人都变为奴隶,或者是你使雅典人都获得自由,从而使人们在千秋万世之后都永远怀念着你,……如果你同意我的意见,你就可以使你的国家得到自由,使你的城市成为希腊的第一城($\pi\acute{o}\lambda\iota\varsigma$ $\pi\rho\acute{\omega}\tau\eta$)"(希罗多德《历史》6.109),此后便有了名垂青史的马拉松之役:"当雅典人聚拢起来,便合力向波斯人杀去,他们战斗得令人永难忘怀:因为在我们所知道的所有希腊人中,他们是第一次奔跑着攻向敌人的,也是第一次能够直视米底(波斯)服饰以及身着这种服饰之人的,而在此之前,希腊人只要听到米底(波斯)之名就会陷入恐慌"(希罗多德《历史》6.112)。热爱自由的雅典人奋不顾身,雅典后来果然成为希腊第一城:对内取代斯巴达,成为希腊新的霸主;对外取代波斯,夺得地中海地区的统治权(前 478 年),成为西方历史上第一个帝国。马拉松战士、悲剧家埃斯库罗斯在《波斯人》(前 472 年)一剧中写下了这样的合唱歌:"生活在亚细亚的人民,/今后将不再臣服波斯,/不再被迫交纳贡品,/不再俯伏地上膜拜君主,/帝王的威势已被彻底摧毁。// 人们将不再羁勒自己的舌头,/他们已经获得解放,/可以自由发表思想,/扼制他们的力量已被瓦解!"(埃斯库罗斯《波斯人》584-594),这是雅典人民的集体呼声、雅典帝国的盛世元音。

多德心仪雅典、向往自由,他继承自由反对专制这一雅典话语,模仿《荷马史诗》的语言、风格乃至史诗特有的环形结构模式,完成了一部《历史,或雅典帝国的崛起》①:雅典成了世界上第一个自由的帝国(Empire of Liberty),希罗多德的雅典帝国元叙事则成为西方自由帝国逻各斯建构之始。波斯问题(东西之争)得到妥善解决,雅典成功迈过了通向伟大之路的第一场危机。②

斯巴达与雅典之间旷日持久的第二次伯罗奔尼撒战争(前431—前404)摧毁了雅典帝国。面对来自希腊内部的斯巴达霸权的挑战及其最终的胜利,被放逐的雅典人修昔底德抚

---

①　希罗多德的《历史》(题目系为后人所拟)经常又被称作《希波战争史》,但实际上他的史书讲述的既"不全是希波战争"(希罗多德的史记始于"伊娥被劫"的神话时代,此后一笔带过特洛伊战争,从约公元前718年吕底亚王国的巨吉斯篡位说起,待到第五卷、全书过半时才正式进入希腊与波斯的争端),又是"不全的希波战争"(希罗多德的"历史"止于公元前478年雅典军队攻陷塞斯托斯、建立提洛同盟,而希波战争直至公元前449年雅典代表希腊与波斯签订"卡里阿斯合约"时才正式宣告结束),就此而言,《希波战争史》并不是一个恰当的标题。波里比阿第一个提出了"普世史"的概念,而实际上希罗多德第一个写出了普世史;波里比阿的《历史》全名为《历史,或罗马帝国的崛起》,反观希罗多德的《历史》,其实不妨叫做《历史,或雅典帝国的崛起》,或许更合乎全书大意。希罗多德《历史》记述的年代从伊娥被劫开始,止于前478年,即雅典赢得帝国的年份;波里比阿《历史》记述的年代从第一次布匿战争爆发(前264年)开始,止于前146年,即罗马赢得帝国的年份。有人怀疑希罗多德的《历史》是未竟之作,其实伟大的史家同时也是伟大的诗人,比如希罗多德与波里比阿,在"最富有包孕性的顷刻",不约而同戛然收笔。

②　见张源,"自由帝国逻各斯的诞生——希波战争与希罗多德的雅典帝国叙事",《政治思想史》,2018年第1期。

今追昔,以拟古的语言与风格,对应希罗多德《历史,或雅典帝国的崛起》,写作了一部《历史,或雅典帝国的衰亡》①:自由反对专制的话语仍旧有效,只不过这一回雅典成了专制帝国,而希腊古风时代的领袖斯巴达重新担任了自由理想的代表。与外来力量相比,传统才是最大的劲敌:斯巴达所代表的旧制度卷土重来,对帝国时代的新文化发起反攻,雅典与斯巴达各自代表的两种制度原则终将再度争霸希腊,斯巴达问题(新旧之争)如肉中之刺,成为雅典帝国始终无法克化的第二场危机。②

修昔底德的史书在第八卷戛然而止,此后色诺芬与奥克西林库斯诸史家纷纷续写他未完成的历史,而后人中唯有柏拉图(前427年—前347年)再次抖擞起与古人竞赛的精神,以三十五部戏剧对话(戏剧时间自公元前454年8月至公元前387年以后)构筑了一部"大说",③再次言说了雅典帝国

---

① 希罗多德《历史》记述的年代从伊娥被劫开始,止于前478年,即雅典赢得帝国的年份;修昔底德的《历史》记述的年代从特洛伊战争开始,(计划)止于前404年,即雅典丧失帝国的年份(见《伯罗奔尼撒战争史》5.26,即著名的"第二序言")。

② 见张源,"帝国逻各斯的解构:伯罗奔尼撒战争与修昔底德关于雅典帝国的反叙事",《复旦政治学评论》第20辑,2018年12月。

③ "大说"即宏大叙事(Grand Narrative)。尼采将柏拉图对话称作"小说的样板":"柏拉图的对话可以说是一条小船,拯救了遇难的古代诗歌及其所有子孙们:现在,它们挤在一个狭小的船舱里,惊恐地服从苏格拉底这个舵手的指挥,驶入一个全新的世界……柏拉图确实留给后世一种新艺术形式的样板,即小说的样板:小说堪称无限提高了的伊索寓言……此即诗歌的新地位,是柏拉图在魔鬼般的苏格拉底的压力下把诗歌逐入这个新地位中的"(尼采,《悲剧的诞生》,孙周兴译,商务印书馆,2013年,第103-104页)。我们特意使用"大说"这一字眼,向柏拉图的劲敌尼采隔空致意。

衰亡的历史(见"对话剧目总表")。柏拉图或许是最先意识到自身时代问题的那个人:前399年苏格拉底(前469年—前399年)之死,不仅是哲人一己的悲剧,更是雅典帝国败亡之后魂飞魄散的时刻终于来临。自由的逻辑反噬其身,苏格拉底问题成了解不开的死结,也成了阻断帝国未来可能的第三次危机。雅典好不容易度过了"前两次浪潮",紧接着又面临"第三次浪潮,也是最大最厉害的一次浪潮"。而柏拉图终其一生、苦心孤诣,要应对这第三次浪潮,为帝国再度招魂,为其日后游魂为变留下先机。当他终于超越雅典,将目光投向未来,柏拉图的问题——什么才是担保明日帝国长盛不衰的最佳政制(*ariste politeia*)?——从此在一切时代发出轰然回响。

柏拉图《雅典帝国的衰亡》
戏剧对话剧目总表

时间：始于公元前 454 年——雅典帝国登上世界巅峰之
年,也是巴门尼德赴雅典向苏格拉底传授哲
学之年

至公元前 387 年及以后——雅典从此再无重返巅峰
之可能,巴门尼德与苏格拉底的对话从雅典传至
(波斯统治下的)小亚细亚地区

地点：雅典城及周边,佩里乌斯港,费琉斯,墨伽拉,克里特,
小亚细亚

人物：苏格拉底等二百余人——包括发言者 98 人(真实人
物 75 人,无可考者 5 人,无名者 18 人);在场者 25 人
(全系真实人物,其中有一个最著名的未发言的在场
者,即柏拉图本人);以及对话谈及的雅典帝国时代人
物百余人

全剧序幕《巴门尼德》(前454年/前450年7—8月,雅典城外凯拉米库区将军皮索多鲁家)

第一幕　帝国巅峰-伯里克利时代的终结(前433/432年—前429年中,雅典城)

　　第一场　《普罗泰戈拉》(前433/432年,苏格拉底家-雅典首富卡里阿斯家;当天转述,某公共地带)——第一次智识界大聚会

　　第二场　《阿尔喀比亚德前篇》(前433/432年,地点不明)

　　第三场　《卡尔弥德》(前429年5月,陶瑞阿斯摔跤学校)

　　第四场　《阿尔喀比亚德后篇》(前429年中,神庙路前)

　　第五场　《情敌》(前429年中,狄奥尼索斯文法学校)

第二幕　政治哲学的诞生:苏格拉底时代到来(前429年6月—西西里远征前的和平时期,佩里乌斯港、雅典城)

　　第一场　《理想国》(前429年6月开始,佩里乌斯港富商波勒马库斯家)——第二次智识界大聚会

　　第二场　《高尔吉亚》(前427年,某公共地带)

　　第三场　《拉刻斯》(前424年,武装格斗表演场地附近)

　　第四场　《克拉底鲁》(前421年,某公共地带)

　　第五场　《大希庇阿斯》(前420年,某公共地带)《小希庇阿斯》(几天后,斐多特拉图文法学校)

　　第六场　《蒂迈欧》《克里提阿斯》(《赫谟克拉底》)(前418年7—8月,雅典显贵克里提阿家)

第三幕　启蒙与救亡:苏格拉底时代结束(西西里远征前的和平时期—前399年夏,雅典城及郊外、佩里乌斯港)

　　序幕　《希帕库斯》(西西里远征前的和平时期,地点不明)

　　　　　[《厄里克希阿斯》](西西里远征前的和平时期,宙斯廊柱前)

　　第一场　《会饮》(前416年2月,阿伽通家;约前400年转述,某公共地带)——第三次智识界大聚会

　　第二场　《斐德若》(前415年夏,伊利苏斯河畔雅典东郊树林)《斐勒布》(前415年夏,地点不明)

　　第三场　《伊翁》(前413年,某公共地带)

　　第四场　《克里托丰》(前411年,地点不明)

　　第五场　《忒阿格斯》(前409年,宙斯廊柱前)

　　第六场　《吕西斯》(前409年,雅典东郊新建成的摔跤学校)

第七场　《欧绪德谟》(前409年,吕克昂;次日转述,地点不明)

第八场　[《阿克希奥库斯》](前406年,伊利苏斯河畔-阿克希奥库斯家)

第九场　《美诺》(前400年,某公共地带)

尾　声　《理想国》(前399年结束,佩里乌斯港富商波勒马库斯家)

第四幕　苏格拉底之死与明日帝国(前399年—前387年之后,雅典城内外、墨伽拉、费琉斯、克里特岛)

第一部三联剧:《苏格拉底的哲学审判》(前399年春,雅典东郊体育馆;前391年转述,墨伽拉城欧几里得家中)

1.《泰阿泰德》(《游叙弗伦》[前399年,执政官王廷])

2.《智者》

3.《政治家》(《哲人》)

第二部三联剧:《苏格拉底之死》(前399年夏,雅典法庭-监狱;不久后转述,费琉斯)

1.《申辩》

2.《克里同》

3.《斐多》——第四次智识界大聚会

第三部三联剧:《苏格拉提亚》或《灵魂立法》(前399年夏至日-夜,克里特岛)

1.《米诺斯》

2.《法篇》

3.《厄庇诺米斯》

羊人剧:《美涅克塞努》(前387年,雅典广场旁边)

全剧尾声　《巴门尼德》
约前413年第一次转述巴门尼德当年对话,地点未知;
前387年第二次转述,雅典广场西侧梅力特区安提丰家;
前387年之后再次转述,地点未知

序幕　《巴门尼德》

公元前454年夏天,雅典帝国悍然将提洛同盟的金库转移到了雅典,当年7—8月间,泛雅典娜大节胜利举行。远在意大利的爱利亚学派对如日中天的帝邦产生了浓厚的兴趣,学派领袖巴门尼德与芝诺到访雅典却寄身城外,在朋友的私宅中向年轻的苏格拉底传授与雅典民主制帝国盛行的多元哲学相悖的一元哲学。在伯里克利治下信奉多元价值的雅典帝国到达全盛巅峰的时刻,巴门尼德及其哲学的到来,为帝国日后深陷"一"与"多"之间的思想纷争埋下了伏笔,而苏格拉底身为柏拉图对话的主人公,第一次登台亮相便是作为巴门尼德与芝诺传法的对象,其后的命运亦可知矣。

第一幕　帝国巅峰–伯里克利时代的终结

第一幕共分五场。第一场《普罗泰戈拉》发生于公元前433/432年,①地点在雅典首富卡里阿斯家中。② 这一年是雅典卷入伯罗奔尼撒战争的前夕,也是雅典帝国由盛入衰的转折点。而帝国对未来的命运一无所知,巨富卡里阿斯的奢华宅邸犹在举行空前的盛会:这个富豪之家是权力与财富联姻的象征,也是雅典政治力量交汇之所,代表伯里克利及民主制帝国意识形态的当世第一大智者普罗泰戈拉与同情寡

① 关于《普罗泰戈拉》的戏剧时间,学界判断基本一致,另有学者认为,历史上普罗泰戈拉第二次访问雅典的时间是在公元前422—421年,从而柏拉图的年代叙述与事实不符(见刘小枫 陈少明 主编,《柏拉图的真伪》,"普罗塔戈拉考",华夏出版社,2007年,第176页)。这是柏拉图对史料进行艺术加工的又一则例证,特录于此。

② 公元前433年《卡里阿斯法令》的推行者,是本篇对话中豪宅少主卡里阿斯的同名祖父。于时也,雅典豪门卡里阿斯家族正处于如日中天的顶峰——对话发生的地点,也在隐隐指向对话发生的时间。

头派政治立场的智识界新王者苏格拉底在这里狭路相逢，帝国内部的政治哲学之争从此拉开大幕，同时帝国航船在伯里克利的引领下驶向了未知的前途。

第二场《阿尔喀比亚德前篇》中的对话发生在上述第一场对话之前，相当于《普罗泰戈拉》篇的前情追述。① 在去卡里阿斯家聚会之前，苏格拉底曾与（雅典未来的统治者、伯里克利监护下的少年）阿尔喀比亚德私下恳谈，分析国内国际政局，赞美斯巴达的制度，抨击伯里克利的政策，少年对哲人衷心服膺、愿效追随，此后乃有《普罗泰戈拉》篇中全力支持苏格拉底的精彩表现。

第三场《卡尔弥德》在四年之后上演：对话开篇便提到苏格拉底刚刚结束了在波提岱亚的惨烈战斗，随军打仗多年之后终于返回雅典（153abc），这将读者直接带到了公元前429年5月：雅典帝国遭受了伯罗奔尼撒战争中的第一次重大失利，从世界巅峰跌入了战争与瘟疫的坟场，雅典人面临着前所未有的生存危机与精神危机，苏格拉底在这个时候返乡，在柏拉图看来，其意义如同奥德修斯的归来，王者奥德修

---

① 《普罗泰戈拉》开篇，一位朋友打趣苏格拉底与阿尔喀比亚德的情事，苏格拉底对此供认不讳（《普罗泰戈拉》309ab），而《阿尔喀比亚德前篇》开头便是苏格拉底追求阿尔喀比亚德的场景："我是唯一一个对你不离不弃的（情人）"（《阿尔喀比亚德前篇》103a）。按：《阿尔喀比亚德前篇》戏剧时间稍早于《普罗泰戈拉》：在《普罗泰戈拉》市，阿尔喀比亚德刚过二十多（详见本书第88页注解①），而在《阿尔喀比亚德前篇》中，阿尔喀比亚德很快就要到可以参加公民大会的法定年龄，还没满二十岁（《阿尔喀比亚德前篇》105ab，123d）。

斯要重建故乡伊萨卡的政治与道德秩序,而哲人王苏格拉底
将为失魂落魄的雅典帝国重塑灵魂,再次为之灌注强大的精
神力量。① 在广场东南的一所角斗学校,苏格拉底再次见到
克里提阿(约前460年—前403年)与美少年卡尔弥德(约前
446年—前403年)(二人都曾在《普罗泰戈拉》一场中出
现),经过苏格拉底以"明智"为主题的一番循循善诱,卡尔
弥德表示誓要追随苏格拉底,永不背弃。

距此几个月之后(公元前429年中),《阿尔喀比亚德后
篇》上演:雅典城中瘟疫肆虐(伯里克利于当年8—9月死于
这场瘟疫),而雅典与斯巴达的战事仍处于胶着状态,帝国未
知何去何从,人心低靡。② 在去往神庙祝祷的必经之路,苏
格拉底拦住帝国未来的领袖阿尔喀比亚德,向他面授机宜,
教他今后如何做统治者;后者听取教谕之后,把敬神用的花
冠转而献给了苏格拉底。对话终了,苏格拉底头戴花冠,口
诵不详谶语,本场在晦暗不明的气氛中就此结束。

在此插入一个全无时间暗示的对话——《情敌》。这个
对话的副标题为"论哲学",而哲学本身确实超乎时间的约

---

① 关于《卡尔弥德》的历史背景、戏剧时间以及与《奥德赛》的互
文关系,见朗佩特的精彩分析,《哲学如何成为苏格拉底式的》,第
171—177页。

② 《阿尔喀比亚德后篇》开篇的场景,充满了关于战争与疾疫的
暗示,人们压抑绝望,乞灵于神明而依旧慌乱无助,此刻虽然伯里克利
还活着(143e-144a),但雅典已然六神无主。参见霍兰德对本篇的精
彩分析,"苏格拉底和阿尔喀比亚德:爱欲、虔敬与政治",《阿尔喀比亚
德》,梁中和译疏,华夏出版社,2009年,第305-341页。

束。对话描述了一对情敌,一位是敌视哲学的常人,一位是热爱所谓"哲学"的智者,苏格拉底选择站在常人一边,捍卫了真正的哲学。这个对话的主题,与伯里克利著名的《葬礼演说》中的意象遥相呼应:伯里克利激励雅典人要像"情人"一样深爱雅典(修昔底德《伯罗奔尼撒战争史》2.43),柏拉图笔下那对情敌竞争的对象,不就是被常人与智者包围的雅典?我们将这个对话安排在第四场《阿尔喀比亚德后篇》之后,而《阿尔喀比亚德后篇》的最后一个词便是"情人"(151c)。

整个第一幕,有一个人物从未出现,其身影却贯穿始终,这个人就是雅典帝国的人格象征伯里克利。在雅典坚定的情人伯里克利去世之后,苏格拉底重新续接了斯巴达传统——伯里克利时代即将谢幕,苏格拉底时代就要来临。

第二-第三幕框架《理想国》

关于《理想国》的时间问题,历来众说纷纭。对话中提示的最早戏剧时间——公元前429年6月,到最晚戏剧时间——公元前399年5月,时间跨度长达三十年,几乎覆盖了整个伯罗奔尼撒战争(前431年—前404年),对话中的人物亦跨越了几个时代:对话一开始(第一卷,公元前429年)佩利乌斯港侨民富豪克法劳斯已是一位老人(328e),苏格拉底年届四十,而苏格拉底的学生忒阿格斯此时很可能还未出生,待到对话中间(第六卷,公元前409年之后)忒阿格斯已是追随苏格拉底之哲人群体中的一员,而克法劳斯那时早已去世,由此看来,柏拉图安排老人克法劳斯在第一卷退场,除了对话情节的需要,也是解决时间错置问题的必要技术手段。关于《理想国》的戏剧时间,唯一可能的合理解释便是,这是一部跨越三十年的连台大剧,并构成了这期间上演的所有戏剧的大框架①:随着伯里克利去世(前429年),雅典黄金时代结束,帝国逐渐从全盛走向衰亡,而哲人苏格拉底崛起于帝国末世,在雅典及其盟邦的知识阶层与统治阶层当中产生了广泛的影响,成为雅典帝国末期实际上的灵魂人物,直至公元前399年被雅典人民审判处死。从伯里克利之死到苏格拉底之死期间的这三十年(前429年—前399年)贯穿了整部《理想国》,也是柏拉图全部对话集中重点描绘的时期,我们称之为苏格拉底时代。

第二幕　政治哲学的诞生:苏格拉底时代到来

这一幕共分六场。第一场《理想国》开场时间为公元前429年6月,地点在佩利乌斯港外邦富豪波勒玛库斯(约前450年—前404年)家中。苏格拉底遭遇了以色拉叙马霍斯(约前455年—?)为首的新一代外邦智者,用言辞构筑了一座向未来开放的理想城邦——此为西方后世政治哲学的开端,而包裹在《理想国》时间洪流之中的各场对话,则展示了

---

① 详见张源,"柏拉图对话里的时间",《国外文学》,2019年8月,第3期。

苏格拉底的政治哲学实践,通过这些实践,苏格拉底关乎智慧、勇敢、正义诸德性的政治哲学日益走向成熟。

公元前 427 年,列奥提尼城为反抗邻国叙拉古的压迫,派遣智者高尔吉亚(约前 485 年—约前 380 年)率代表团赴雅典求援,苏格拉底用修辞击败了修辞家高尔吉亚及其学生波卢斯,驳斥了后者"最大的善是权力,僭主是最幸福的人"的观点,却对雅典同胞卡里克勒(约前 450 年—前 404/403 年)的顽佞无能为力,无法改变此人"强者就应该得到更多的利益"的成见。苏格拉底因之反问:"难道强大的城邦进攻弱小天经地义?"——直指高尔吉亚向雅典求援的根源;而弱小者的可鄙之处,在于其同样分享弱肉强食的观念。苏格拉底发出如是呼喊:"我是少数真正从事政治技艺的雅典人之一。"然而雅典政客卡利克勒却拒绝继续与他交谈。在本场苏格拉底第一次被迫放弃对话,只能发出悲愤的独白。

公元前 424 年冬天,①将军拉刻(约前 475 年—前 418 年)在一次武装格斗竞技表演中遇见苏格拉底,随之展开了一场关于"勇敢"的谈话。三年前拉刻曾率军远征西西里,支援高尔吉亚的家乡(雅典第一次西西里远征,前 427

---

① Debra Nails 认为《拉刻斯》的戏剧时间是公元前 424 年冬天,同年秋天苏格拉底曾与将军拉刻斯一同参加了德里乌姆战役,见 *The People of Plato*,p. 312. Walter Schmid 则认为对话在情节上与两年之后的尼西阿斯合约相关(本篇的主要对话者拉刻与尼西阿斯正是合约的签订者),因此本篇对话发生于公元前 423 年(*On Manly Courage:A Study of Plato's Laches*,Southern Illinois University Press,1992,p. 1)。

年—前424年),这一年刚刚结束战争返回雅典,此时与他谈论关于"勇敢"的话题再合适不过。在场者皆为名将或名将之子,苏格拉底的谈话及其昔日在战场上的勇敢表现,得到了这些城邦护卫者的衷心赞赏。最后将军尼西阿斯(约前475年—前413年)请托苏格拉底教育自己的儿子,这个结局为苏格拉底用言辞构建的理想城邦涂上了一抹亮色。

公元前421年4月,尼西阿斯将军为雅典带来了和平,雅典进入了以他的名字命名的和平时期。这为第四场《克拉底鲁》中关于命名的讨论提供了相对悠游自在的氛围背景。如苏格拉底所说:"立法者"是"在真正意义上给事物命名的人",这场涉及"正名"的讨论貌似无关乎政治,实则与城邦大政休戚相关。有意思的是,与苏格拉底进行如此重要对谈的赫谟根尼(约前450年—约前392年),恰恰是一个没有名分的私生子:身为首富卡里阿斯的异母兄弟,出色的赫谟根尼由于母亲的外邦身份丧失了财产继承权,成了伯里克利在公元前451/450年制定的公民法的受害者。关乎立法、关乎正名,岂非城邦第一要务欤?

公元前420年,一向与斯巴达交好的厄利斯与雅典订立盟约,长年担任斯巴达特使的大智者希庇阿斯奉命出使雅典,这是第五场《大希庇阿斯》《小希庇阿斯》之背景。苏格拉底路遇希庇阿斯,回想起十三年前在卡里阿斯家聚谈的情景(《普罗泰戈拉》)。当苏格拉底得知,两天后希庇阿斯要在当地学校发表以《伊利亚特》为背景的演讲,讲述什么是值得青年人投身其中以追求最高荣誉的美的行为,就与对方展开了关于"美"的讨论。据说希庇阿斯的演讲曾在斯巴达大受欢迎:斯巴达素以"武德"立国,可以想见负有外交使命的希庇阿斯该如何投其所好。现在同一篇话要拿到雅典来说,无怪乎苏格拉底会向他迎头质问:说吧,你能告诉我什么是美吗? 这个通篇论"美"的对话本身并不是"无目的"的:现实中斯巴达与雅典的互不兼容,致使"美是难的"。

两天之后,希庇阿斯的演讲在当地文法学校如期举行。苏格拉底在演讲结束后提了这样一个问题:《伊利亚特》与《奥德赛》这两部史诗哪个更好,或者说,两部史诗的主人公,阿喀琉斯与奥德修斯哪个更好? ——话说文法学校是什么所在? 这里是对城邦青年进行"诗教"之地。在两天前关于"什么是美"的讨论中,希庇阿斯曾脱口而出:在城邦中,有力量是最美的! 在他这里,《伊利亚特》可谓一部"力量之诗"。而苏格拉底应声对曰:智慧才是最美的! 其实早在多年前与普罗泰戈拉那场辩论中,苏格拉底已经明确讲过:斯巴达人是用装傻来掩藏智慧,他们所崇奉的"武德"（αρετε）,其要义乃是智慧第一。希庇阿斯彼时在场却未能领会其意,多年后还要回到雅典的文法学校领受苏格拉底的诗教。

公元前418年7—8月泛雅典娜大节期间,上演了本幕第六场大戏《蒂迈欧》-《克里提阿斯》。① 这场戏从内容上重新接续了当年《理想国》第五卷的场景(469b - 471c)——随着《理想国》的对话行进到中场,第二三幕"苏格拉底时代"亦行程过半。在本幕最后一场大戏中,苏格拉底在富豪克里提阿(约前 520 年—前 429 年之后)②家中,会见了两位不同寻常的外乡客人:意大利罗克里的蒂迈欧(活跃于前 5 世纪后半叶)与叙拉古的赫谟克拉底(约前 455 年—前 407 年)。时值伯罗奔尼撒战争期间,叙拉古与罗克里乃是斯巴达的盟友,从而这两位客人来自敌邦。苏格拉底称许对方为"唯一适合同时参与政治与哲学的人",自云昨日已经阐述了理想城邦的构成,现在请对方以恢宏的言辞与伟大的行动显示出无愧于平日所受的教育与训练,说说当城邦之间发生冲突,理想的城邦该如何与邻邦以适当的方式开战。这一提问直指人心,宾主们心照不宣。在座者依次发表演讲;苏格拉底肃然以听,这也是少数几个能让苏格拉底默然倾听的时刻之

---

① 柏拉图在剧中暗示,故事发生在某个泛雅典娜大节期间(《蒂迈欧》26e)。敌邦来客只可能在和平时期(前 421 年—前 415 年)到访雅典,这排除了公元前 422 年与 414 年的泛雅典娜大节(特别是公元前 414 年春天雅典已开始围攻赫谟克拉底的家乡叙拉古),从而本场的戏剧时间只能是公元前 418 年的庆典期间。另可参见 Laurence Lampert, Christopher Planeaux, "Who's who in Plato's *Timaeus-Critias* and why", *The Review of Metaphysics*, Sept. 1998, 52, 1, pp. 88 - 91.

② 据豪宅家主克里提阿说,古希腊立法者梭伦(约前 638 年—约前 559 年)与他的曾祖父是朋友(《蒂迈欧》20e - 21a),以三十年为一代推算,这里的克里提阿不可能是《卡尔弥德》中的克里提阿(约前 460 年—前 403 年),而只能是与其同名的祖父(根据古希腊人习俗,长孙往往与祖父同名),详见 Debra Nails, *The People of Plato*, p. 106.

一。蒂迈欧首先发表"恢宏的言辞",为理想城邦提供了一整套创世论-宇宙论-神学(《蒂迈欧》)。接下来主人克里提阿斯从蒂迈欧的天上回到地下,从传说中九千年前古雅典与大西岛那场战争说起,刚刚说到大西岛人丧失美德,即将遭受神罚的时候,讲辞突然中断了(《克里提阿》)。原本人们期待的那篇《赫谟克拉底》,也随之与大西岛一同沉入了暗夜。但我们知道故事的结局:丧失美德的雅典帝国就是当代大西岛,把帝国引向穷途末日的西西里之战,就是由在座这位叙拉古人赫谟克拉底一手指挥完成——确实不必有那篇《赫谟克拉底》,这个人无需"恢宏的言辞",他直接用"伟大的行动"毁灭了雅典帝国的千秋大梦。和平时期即将结束,日后摧毁帝国的西西里远征已近在眼前。

第三幕　启蒙与救亡:苏格拉底时代结束

公元前 415 年夏天,雅典在利益诱使下远征西西里,至公元前 413 年 9 月全军覆没。西西里远征是帝国命运的转折点,全剧第三幕描述的即是帝国命运之轮转向倾覆的这个阶段。这一幕共分九场,《希帕库斯》为其序幕:本来这篇对话的戏剧时间晦暗不明,但雅典帝国史上唯有西西里远征这一事件,能为这个对话的奇特主旨(为爱利者辩护)与倾向(为暴政翻案)提供解释与背景。这篇仿佛在为西西里远征造势的文字,与柏拉图所有对话的精神背道而驰。我们将其放在序幕位置,以就雅典帝国西西里远征前夕信仰缺失、价值颠倒的整体时代氛围加以提示。

公元前433年卡里阿斯家那场聚会,人物风流,一瞥惊鸿。十七年后(公元前416年2月),①亲历过那场传奇对谈的雅典人,再次聚集在悲剧家阿伽通(约前447年—约前400年)家中;事实上唯一能与那次盛会相提并论的,大概只有阿伽通宅的这场会饮了。《会饮》既是本幕开台大戏,又构成了本幕主体背景与框架。宴饮的由头是庆祝阿伽通的第一部悲剧获奖,雅典各界精英齐聚于此,逸兴横飞。值其时也,苏格拉底五十三岁,当年那些崭露头角的青年才俊已纷纷进入盛年。苏格拉底十三年前在神庙前的预判应验如仪,如今是阿尔喀比亚德在掌控着帝国。然而此时苏格拉底与阿尔喀比亚德的旧爱已成往事,阿尔喀比亚德如同脱缰的野马,带领雅典一路狂歌宴饮进入了新的时代。就在这场会饮之后,雅典帝国无端占领弥罗斯城(公元前416年春),坚信神意与正义的弥罗斯人英勇抵抗,结果惨遭屠城。以这一事件为标志,帝国王道尽失,次年(公元前415年夏)在那位狂放天才的带领下,踏上了西西里不归征途。

在那场聚饮之后,苏格拉底与斐德若(约前444年—前393年)(斐德若曾在《普罗泰戈拉》中出现,也曾在《会饮》

---

① 关于《会饮》的戏剧时间,详见施特劳斯的经典论述,《论柏拉图的〈会饮〉》,邱立波译,华夏出版社,2012年,第19－21页。施特劳斯认为《会饮》的转述时间是公元前407年,对此我们有不同意见,详见注解26。

中发言)来到城外,继续此前关于"爱"的话题。在悬铃树下,二人足濯清泉,耳畔蝉鸣阵阵,苏格拉底仿佛诗神附体,眷顾着斐德若的灵魂。这优美的场景仿佛在提醒人们,这是风暴将至未至、帝国最后的平静时分。《斐勒布》涉及的主题与人物和《会饮》《斐德若》密切相关,一并安置于此。帝国大厦将倾,苏格拉底走上了启蒙与救亡之路——包括拯救那些美好人物的灵魂。

公元前413年雅典西西里远征惨败,次年爆发伊奥尼亚叛乱(曾记否,公元前499年反对波斯暴政的伊奥尼亚叛乱)。第三场《伊翁》(雅典属于伊奥尼亚部族,"伊翁"是这一部族始祖之名)便发生在主人公伊翁的故乡以弗所未叛之前(541c)。帝国已然离心离德,而苏格拉底仍在极力拯救自己的祖国:他以诗艺震慑颂诗人伊翁,试图延揽对方为帝国服务,在这篇讲论诗歌的对话末尾,苏格拉底力邀伊翁投身雅典军队(541bcd),或许并非突兀的转折。古典学者伊迪斯·汉密尔顿认为,这是"柏拉图在这篇短小的对话中给自己找乐子"①……不知我者谓我何求。

我们将第四场《克里托丰》的戏剧时间定于公元前411年,尽管这一对话由于其主题及人物往往被视为《理想国》的"导论"。西西里灾难之后,人们开始对现行民主制度产

① 《柏拉图全集》(第一卷),王晓朝译,人民出版社,2002年,《伊安篇》"提要",第297页。

生不满,这为公元前411年寡头派得势铺平了道路。著名的寡头派政客克里托丰(约前452年—前404年之后)与色拉叙马霍斯关系密切,他不但曾在《理想国》中声援后者,在本篇对话中更是以这位智者的观点对苏格拉底步步进逼,而苏格拉底自始至终无言以对。这是一位寡头派政客在帝国内外交困之际,从现实政治出发,针对苏格拉底在《理想国》中阐发的高蹈的政治哲学发出的严厉批驳,苏格拉底本是寡头派的精神盟友,对此唯有缄口不言。

第五场《吕西斯》发生于公元前410年前后,①此时寡头派已迅速倒台,民主政制得以重建。人民对国家重拾信心,其突出表现为雅典甚至在这一年拒绝了斯巴达的和平建议,这部分解释了在阴郁焦灼的战争期间《吕西斯》中那种难得的清新明朗的基调。苏格拉底仍在继续寻觅可造之才:他来到雅典城东一座新建成的摔跤学校,向吕西斯(约前422年—前350年以后)与美涅克塞努(约前424年—?)这对少年好友讲论何为"友爱",而友爱问题是关乎成年公民的首要的城邦政治问题。这两个在年少时便有幸得到苏格拉底点拨的朋友,几乎是柏拉图对话中唯一在公元前404年的浩劫之后幸存下来、得以善终的一对好友。②

---

① 就文本间关系而言,《欧绪德谟》是帮助我们确定《吕西斯》戏剧时间的重要信息来源,本篇提到的苏格拉底的年龄(《吕西斯》223b)也是线索之一。

② **Debra Nails**:*The People of Plato*,pp. 195 – 197,pp. 202 – 203.

第六场《忒阿格斯》发生在公元前409年,[①]在宙斯神庙廊柱前,忒阿格斯的父亲请求苏格拉底教育他体弱多病却立志投身于政治的儿子。这对父子再三以宙斯之名吁请苏格拉底首肯,苏格拉底几次推却,最后勉强答应:"只能看神明是否保佑了。"结果这个对未来充满希冀的少年,年纪轻轻死在了苏格拉底前面(《申辩》33e)。大概是自小体弱的缘故,父亲给他取名"忒阿格斯"(意为"神佑"),这部名为《神佑》的对话,就这样讲了一个天地不仁、神明不佑的故事。虽有凌云壮志,奈何天不假年,忒阿格斯的命运即是哲学的命运,本篇副标题为"论哲学",编纂者自有深意在焉。

第七场《欧绪德谟》发生于公元前407年,[②]雅典殖民地图里城的智者欧绪德谟兄弟正在雅典盘桓。智者腐化民众的心灵,这两兄弟就是活生生的例证。智者唯一的对手是哲人,在这场对话中,苏格拉底针对这两兄弟的言行提出了政治活动的准则:政治活动重在使民众聪明、分享知识、变得幸福(292bcd)![③] 与智者相比,站在常人一侧的哲人(苏格拉

---

① 《忒阿格斯》中提到特拉绪洛斯离开雅典去往以弗所,他在那里为雅典收复了克罗丰(129d),这是公元前409年的事情,此事在色诺芬的《希腊史》中有所记载(色诺芬《希腊史》1,2.1-9)。

② 阿克希奥库斯之子克里尼阿斯的在场(《欧绪德谟》275ab),帮助我们确定了本篇的时间。阿克希奥库斯是阿尔喀比亚德的密友,他在公元前415年的泄露秘仪事件中被放逐,公元前407年阿尔喀比亚德返回雅典,他也随之返回,克里尼阿斯才有可能在公共场合出现。

③ 苏格拉底/柏拉图领先密尔两千二百余年(《论自由》,1859年;《论代议制政府》,1861年)提出了良好政治的标准。

底)才是城邦真正的有情人,这或许也是副标题为"论哲学"的《情敌》未曾明言之意。

第八场《美诺》发生于公元前 402 年,①高尔吉亚的学生、色萨利人美诺(约前 423 年—前 400 年)到访雅典,与苏格拉底展开了一场关于"美德"的对话。苏格拉底发现,这位美貌的贵族青年具有暴君气质,于是试图通过谈话为之襄解,而美诺的雅典宿主安虞图斯(约前 443 年—前 399 年)却对这种恶劣倾向推波助澜,此后美诺果然德行败坏、未得其死。公元前 399 年安虞图斯指控苏格拉底"败坏青年",《美诺》便是柏拉图的雄辩反驳。一边是智者,一边是庸人;哲人能够战胜智者,却死于庸人之手,此即民主制度的死穴。

转眼十六年过去(公元前 400 年),当年苏格拉底参加会饮时的情形,时人仍历历在目、念念不忘、辗转复述。② 随着

---

① 关于美诺及其在公元前 401 年之前在雅典的活动,见维斯,《洞穴中的德性——柏拉图〈美诺〉中的道德探究》,郭振华译,华东师范大学出版社,2014 年,第 18-19 页。

② 《会饮》的内容经过了多次转述,在场者阿里斯托德谟斯将对话转述给阿波罗多洛斯(以下简称阿),此后阿转述给格劳孔,而格劳孔之前曾从某人那里听说弗尼克斯转述过这件事情,阿把对话转述给格劳孔不久之后,现在又转述给了一位不知名的朋友。关于这次转述的时间,阿给出了两条线索:1."阿迦通离开雅典好多年了";2."我和苏格拉底在一起只有两三年"(172c)。阿迦通是在公元前 408/407 年离开雅典的,see Debra Nails, *The People of Plato*, p. 9; William Smith ed., *A Dictionary of Greek and Roman Biography and Mythology*, London: Walton and Maberly, 1864, "Agathon". 显然施特劳斯给出的转述时间(公元前 407 年)与之不符。2. 至于阿追随苏格拉底的时间,对于苏格拉底的学生们而言不言自明,而我们至今尚未考证出确实的年代。我们之所以认为转述时间是公元前 400 年,有两个因素:1. 阿这一人物集中(转下页注)

雅典帝国命运沉浮，当年参加过那场对话的人物都已风流云散：斐德若受到亵渎秘仪的指控，流亡外邦、家产充公，他的爱友厄里克希玛科斯下落不明，会饮的主人阿伽通与爱友泡赛尼阿斯双双出走雅典，投奔马其顿宫廷而去，阿尔喀比亚德流亡小亚细亚、惨死异乡，当初的七个对话者生死暌违，天各一方，那场会饮，或者说雅典帝国的最后狂欢，遂成绝响。在《会饮》之后，下一场堪与十七年前的盛会（《普罗泰戈拉》，公元前433/432年）相比拟的大聚会，要再等十七年方可见到（《斐多》，公元前399年），只不过对话的地点不再是豪门府邸，而是关押苏格拉底的死囚牢。回首前尘，昔日的繁荣原来不过是梦中说梦，叫人倍感酸辛；苏格拉底时代于斯结束，第三部大戏就此落幕。

第二-第三幕框架《理想国》

当年在雅典城中，一位名叫克里提阿的老人讲述了一个关于大西岛人丧失美德、遭受神罚的可怕神话，这位老人正

（接上页注）出现在《申辩》与《斐多》等记录苏格拉底去世当年言行的对话中，我们因之推断阿出现在《会饮》中的时间，与他出现在其他各篇的时间（公元前399年）大致同时。阿转述《会饮》之时，格拉底还活着（"我后来问过苏格拉底"173b），因此转述时间是公元前399年苏格拉底去世之前。2. 此外，阿迦通去世的时间为公元前400年（参见 William Smith ed. ，*A Dictionary of Greek and Roman Biography and Mythology*，"Agathon"），人们很可能因此在这一特定的年份回忆起了阿迦通家的那场会饮，这很符合柏拉图设置谜面的方式——对话发生的地点关乎人物，而人物的命运隐隐指向了对话的时间。

是后来雅典三十僭主领袖克里提阿的祖父。公元前 403 年，克里提阿斯与他的堂弟卡尔弥德重蹈覆辙、身败名裂，在穆尼契亚战场一同被杀，名门望族，荣始耻终。与此同时，发生《理想国》那场对话的豪宅家主波勒玛库斯，因为在三十僭主统治期间与克里提阿有染，惨遭砍头之刑，家产抄没，富豪之家，一朝倾覆。① 无论帝国、家族还是个人，从今而后尚可期待者，唯有《理想国》末尾苏格拉底的预言——那来世的"千年之旅"（《理想国》621d）。

第四幕　苏格拉底之死与明日帝国

第一部三联剧

第三幕在会饮的诗酒繁华之中暗藏悲音，第四幕真正的悲剧如期登场。一如希腊酒神节悲剧竞赛的形式，本幕分为三部三联剧与一个羊人剧：第一部三联剧包括《泰阿泰德》（插入《游叙弗伦》）《智者》《政治家》，其中第一个剧目《泰阿泰德》构成了三部三联剧的整体框架。

《泰阿泰德》一开场便是泰阿泰德在战争中重伤垂死的情景（公元前 391 年科林斯之战），②人们触景生情，为这个卓越的青年叹息不已，因之回忆起了八年前泰阿泰德与苏格

---

① Debra Nails, *The People of Plato*, p. 251.
② Debra Nails, *The People of Plato*, p. 321.

拉底的那场对话，故事闪回到了公元前 399 年春天（210d）。苏格拉底在七十岁这年，遇到了堪可传授的青年泰阿泰德，正如当年巴门尼德遇见了苏格拉底。苏格拉底敏锐地察觉到，泰阿泰德受到了普罗泰戈拉（这位大智者公元前 420 年已去世而影响犹巨）思想的影响，于是模拟了与普罗泰戈拉的对话为之去蔽解惑，在场者叹为观止，泰阿泰德为之心折。面对这样一个聪敏谨厚、从善如流的青年，也令苏格拉底回想起了自己当年遇见巴门尼德的情景。如此难得的相遇十足令人欣慰，然而剧末却如此安排：苏格拉底现在要去王宫门廊回应控诉，由此场景直接转到了《游叙弗伦》的开头，这让我们意识到，苏格拉底的审判已为期不远。

　　第二天上午，苏格拉底应诉归来，如约赴会，参与了《智者》与《政治家》这两场对话，重新接续了《泰阿泰德》的场景。《泰阿泰德》的时间框架包裹了整部三联剧，并指向了柏拉图对话的一个核心事件——苏格拉底的审判。接下来的《智者》与《政治家》两场对话中，苏格拉底全程聆听，几乎一言未发；上一次出现这样的情形，还是在三十年前克里提阿家中（《蒂迈欧》与《克里提阿》，公元前 418 年）。在《智者》这一场中，来自爱利亚学派的客人侃侃而谈，超越了巴门尼德的教诲（巴门尼德的思想与方法直至此刻仍是苏格拉底哲学的内核），完美论证了"不存在者存在"，向在场者展示了一次精彩绝伦的精神弑父之举，最终论证了（以苏格拉底为代表的）哲人不过是真正的智者而已。担任对谈者的泰阿泰德表示服膺，而苏格拉底对此沉吟未语。

客人的凌厉攻势还未结束。在《政治家》这一场中，客人的对谈者转由小苏格拉底（约前 420 年—前 360 年之后）担任——这与当年巴门尼德和苏格拉底那场对话形成了镜像关系。客人不厌其烦地使用划分法论证何为政治技艺，最终得到了小苏格拉底的倾心赞赏："你为真正的王者和政治家描绘了一幅完美的图画"（293d），而城邦图画显然与《理想国》中描绘的蓝图大相径庭。在《智者》与《政治家》这两篇对话中，苏格拉底的哲学受到了爱利亚来客的致命打击，与雅典人的控诉相比，这乃是来自神或真正的哲人（《智者》216abc）的终极指控。我们期待苏格拉底就此进行申辩，然而直至对话全部结束，苏格拉底一言未发，我们期待回应以上攻势的《哲人》篇亦不知所终，①与三十年前那篇消失不见的《赫谟克拉底》一样，②成为永久的谜团。这部三联剧的结局是，苏格拉底的哲学与政治哲学如开篇泰阿泰德那般遭遇重创，而他本人也即将走向

①　苏格拉底在《智者》开篇（217a）询问爱利亚来客"智者"、"政治家"与"哲人"诸名称的定义，为此后一系列对话设定了主题。从而在爱利亚客人咄咄逼人的《智者》与《政治家》篇之后，苏格拉底理应作一篇《哲人》以为回应。

②　第二幕与第四幕在结构上存在某种呼应关系：不但第二幕第一场《理想国》与第四幕第一场《泰阿泰德》分别构成了本幕的大框架，而且这两个框架所包裹的两部三联剧都是残缺不全的——第三个剧目理应存在，却杳无踪迹，柏拉图为何如此安排，十足耐人寻味。

生命的尽头。

第二部 三联剧

苏格拉底赴死之前,曾向不同受众做过三次申辩。第一次是在公元前399年5月,面向雅典公众,苏格拉底公然蔑视城邦的法律习俗,迫使公民大众判处了自己死刑(《申辩》)。第二次是在公元前399年6月执行死刑前一天,面对老友克力同(约前469年—前399年之后),苏格拉底又表示尊重城邦的法律习俗,在与老友的对话中化身城邦律法,判处了自己死刑,从而迫使对方放弃了营救自己的计划(《克力同》)。这两次申辩充满了反讽意味,是苏格拉底修辞技艺的巅峰展示。第三次,在苏格拉底七十年生命的最后一天,面对为他送行的挚友与门徒,苏格拉底为哲人作了最后一次真正的申辩:"好吧,让我向你们作一次更能令人信服的申辩,胜过我向公民大会所作的。"(《斐多》63b)在生命的最后时刻,苏格拉底抛去一切技巧与修辞,向友人吐露真理、袒露灵魂,他的言说/存在方式焕然一新,甚至不再是"苏格拉底式"的,他不再进行拆解与自我拆解,转而代之以斩钉截铁铿锵立言:学习哲学就是学习死亡,死亡是灵魂摆脱肉体、获得真理的唯一入口,哲人的任务便是将灵魂从肉体中解脱出来,真正的哲人向死而生,死亡于他而言乃是乐事,岂足惧哉?(《斐多》64a-68b)不仅如此,正是由于面对了死亡,哲人成为了真正的英雄:为了追求智慧,他

们无惧于死亡,此之谓勇敢,不受生之欲望的驱使,此之谓
节制,而唯有智慧,才能让人拥有真正的勇敢、节制、正义,
即真正的美德/卓越(*arete*)(《斐多》68b－69b)。面对哲人
同道,苏格拉底最终超越城邦的法律习俗,以生命作证,回
答了关于哲人与哲学的根本问题。本篇对话隐隐指向不知
所终的《哲人》篇,似与消失不见的《赫谟克拉底》用意暗
合:这是苏格拉底与友人的最后一次"会饮",在"恢弘的言
辞"之后,他含笑饮下毒芹杯,用"伟大的行动"将生命祭献
给了自己的哲学信念。这三次申辩是苏格拉底生命的最后
乐章,柏拉图将之谱写为一部三联剧,我们统称之为《苏格
拉底之死》。

第三部三联剧

苏格拉底一生除了参加过若干次战役,几乎从未离开过
雅典。苏格拉底死后,门人星散,雅典成为诸神离弃的空寂
神殿,从此面目模糊,不复出现在柏拉图的笔端。在本幕第
三部三联剧(《米诺斯》《法篇》《厄庇诺米斯》),全剧镜头骤
然拉远,投向六百里之外的克里特——柏拉图放弃了雅典,
返回到了希腊文明之源。

从克诺索斯(克里特王宫所在地)去往宙斯洞穴与神庙
的路上,三位老人在夏至日——一年中白昼最长的一天
(《法篇》683c),就马格尼西亚殖民地的立法事宜进行了一
场漫长的对话。他们分别是克里特人克利尼亚、斯巴达人麦

吉卢,①以及一位不知名的雅典客人。夏至是雅典历法新年第一天,②柏拉图选择在这一天回到希腊文明的源头,由三位老人分别代表克里特、斯巴达与雅典为未来的殖民地立法,大有深意在焉。在柏树林中,神秘的雅典客人(他是三位老人中唯一没有姓名的)回顾希腊史,大谈政治与哲学,仿佛他就是此前爱利亚客人预言的哲人与政治家的合体:事实上,马格尼西亚这座地上之城,接续的正是《政治家》中的城邦,而非《理想国》中天上的国家模型。③ 这位雅典客人到底是谁? 自古至今无人能够给出确切答案,唯有亚里士多德坚持认定:他就是苏格拉底。④ 我们恍惚看到,公元前 399 年临近夏至日的某天,⑤苏格拉底饮鸩而亡(《斐多》58abc),哲人的魂魄日行千里,直奔克里特,此刻正站在(象征死亡的)森然柏树之下,在(开启新生)的新年之初,为未来立法——在这里苏格拉底继续了《理想国》最后未完成的任务,为明日帝国指示未来的千年之旅。

---

① 据史载曾有一队斯巴达人出使雅典,带队者名叫麦吉卢,柏拉图《法篇》中的麦吉卢不知与历史上的这位同名者有何关系,见 Debra Nails, *The People of Plato*, p. 198.

② William Smith, *A Dictionary of Greek and Roman Antiquities*, p. 223.

③ 参见拉刻斯,“《法义》之城在何种意义上为次好?”,载《柏拉图的次好政制——柏拉图〈法义〉发微》,刘宇 方旭 等译,华东师范大学出版社,2013 年,第 9 页。

④ 亚里士多德《政治学》2. 6. 1264b.

⑤ 苏格拉底的判决是在公元前 399 年 5 月间,审判当日正好赶上太阳神庆典,行刑因此延后了一个月,从而苏格拉底之死是当年 6 月间的事情,大致接近夏至日。

在《法篇》之前,我们插入一个无时间暗示的对话《米诺斯》。这个对话的副标题为"论法",开篇第一句话就是苏格拉底的提问:法(nomos)是什么?本篇通常被视作《法篇》的导言:对于法的原则本身的探讨,确宜放在关于"立法"的讨论之前。这篇关于克里特米诺斯王的翻案文章,与上一篇同样缺乏时间暗示,却有着强烈的翻案意识的对话——《希帕库斯》相互呼应,一同颠覆了雅典两大国家神话。①

如《厄庇诺米斯》篇名(意为"在法之后")所示,本篇位于《法篇》之后。在《法篇》结尾,三位对话者决定由老年人组成夜间议事会,以此作为国家的监护者(《法篇》12.961a,12.968ab)。在《厄庇诺米斯》中,几位老人继续白天的重要讨论直至夜晚,"夜间议事会"恭行如仪。这篇讲述"一切之中充满神性"的神秘莫测的对话在夜间悄然结束,从法的精神到立法,再到司法行政等一系列方针大策已然齐备,只是不知柏拉图的明日帝国何时到来?

雅典痛失帝国之后,一直试图重回巅峰。公元前395年,雅典与底比斯等国结成反斯巴达同盟,科林斯战争爆发。希腊战火重燃,把我们带回到了《泰阿泰德》开头的场景:公元前391年,泰阿泰德——苏格拉底晚年堪可传法的那位出色青年,在雅典与斯巴达新一轮的争霸战中不幸英年早逝。

---

① 其一为雅典神话国王忒修斯杀克里特怪物米诺陶的神话,其二为雅典情人阿里斯托格通与哈摩迪俄斯反抗暴政、刺杀僭主希皮阿斯的弟弟希帕库斯、雅典因之建立民主制度的神话。

柏拉图以泰阿泰德的命运作为整幕大戏的戏剧框架:苏格拉底斯人已逝,而明日帝国遥遥无期,斯悲也已。

羊人剧 《美涅克塞努》

这一幕最后是一部羊人剧《美涅克塞努》。① 作为整幕悲剧的"喜剧性调剂"(comic relief),这场戏是对伯里克利著名的《阵亡将士葬礼演说》的戏仿。对话的背景设定在公元前387年(《美涅克塞努》245c),苏格拉底(羊人剧的戏剧时间不可较真,当时苏格拉底已去世12年)向美涅克塞努讲述了自己从伯里克利的伴妓阿斯帕西娅(约前470年—? 阿斯帕西娅当时大概也已去世)那里听到的一篇葬礼演说。这篇演说辞采平庸,对雅典帝国大肆赞颂,甚至不惜强词夺理、颠倒黑白,美涅克塞努却对苏格拉底的说法信以为真,赞赏不已。在全剧唯一的这部羊人剧中,柏拉图借苏格拉底之口(苏格拉底转而借阿斯帕西娅之口)回顾了雅典帝国的兴衰历程,用最戏谑的文体演绎了最重大的历史题材,第四幕大剧就这样以彻头彻尾的反讽终局。

尾声 《巴门尼德》

在柏拉图笔下,公元前454年泛雅典娜大节庆典期间,

---

① 据说此剧是一部羊人剧,每逢7月4日公开演讲时上演,见汉密尔顿为此剧所写的提要,《柏拉图全集》(第一卷),第257页。关于《美涅克塞努》一剧在柏拉图全部戏剧对话中的特殊地位,见阿尔法拉比,《柏拉图的哲学》,程志敏译,华东师范大学出版社,第52页。

爱利亚大哲巴门尼德与芝诺到访帝邦。雅典将军皮索多鲁
当初聆听巴门尼德与芝诺和苏格拉底的对话之时,雅典还是
举国欢腾的盛世;此后雅典陷于伯罗奔尼撒战争,皮索多鲁
领军战败被逐,待到他流放归来,能够向安提丰转述这场对
话之时,帝国已到了国势急转直下的转折点。

公元前387年,斯巴达与波斯签订《大王和平敕令》,希
腊暂时恢复了和平,位于小亚细亚的伊奥尼亚城邦克拉佐门
尼因此能够派遣人员到访雅典。安提丰在青少年时代曾用
心研习皮索多鲁传授给他的对话,当凯法劳斯等人突然到
访,他仍然能够仅凭记忆当场复述那场艰深的对话,而对话
前后辗转复述下来,时间已过去了六十七年(前454年—前
387年)。

安提丰的异父兄长阿德曼图斯说,安提丰现在(公元前
387年)"像他那同名的祖父一样热衷于骑术,把大部分时间
花在马上"(《巴门尼德》126c)。此话何意?难道柏拉图是
在暗示他这个兄弟玩物丧志?① 我们不妨另作别解:所谓
"养国子以道,乃教之六艺(礼乐射御书数)",安提丰是世家
名门之后(即"国子"),也是将军皮索多鲁选定之人,最重要
的,他是正当盛年的城邦护卫者。公元前387年波斯重新控
制小亚细亚之后,安提丰迅速作出反应,热衷于骑术、把大部

---

① Kenneth Dorter, *Form and Good in Plato's Eleatic Dialogues*, Berke-
ley/Los Angeles/Oxford: University of California Press, 1994, p.25.

分时间花在马上（此之谓"御"），为雅典未来争霸世界厉兵秣马、积极备战。要知道此后不到十年的工夫，雅典便东山再起，建立了第二海上同盟，世称"第二雅典帝国"（前378年—前338年）。若无护卫者阶层的未雨绸缪、远见卓识，雅典安能如此迅速再次崛起？

《巴门尼德》涵盖的时间，从公元前454年雅典帝国泛雅典娜大节的盛世庆典开始，直至公元前404年帝国覆灭，又在公元前387年雅典几乎无望重回巅峰的时分，遥遥指向公元前378年第二帝国的重建。雅典帝国由盛而衰、走向灭亡，又在灭亡中蓄势待发、遥待未来。柏拉图以三十五篇戏剧对话构筑的鸿篇巨制《雅典帝国的衰亡》就此结束，而他关于理想国家的制度构想与哲学思辨就此进入了世间轮回，反转升沉、生生不已。

引用文献

前 言

柏拉图全集版本(按照出版年代排序)

1. 意大利斐奇诺编纂的第一个拉丁文版《柏拉图全集》
(佛罗伦萨,1484 年)

Platonis Opera latine, *interprete Marsilio Ficino*, *cum Vita Platonis ab eodem Ficino-Platon-impr.* per Laurentium Venetum [Lorenzo d'Alopa] ,1484.

2. 意大利马努修斯编纂的第一个希腊文版《柏拉图全集》(威尼斯,1513 年)

Plato. Omnia Platonis Opera. Venice:Aldus Manutius and Andrea Torresani ,1513.

3. 法国斯特方编纂的希腊文-拉丁文版《柏拉图全集》
(巴黎,1578 年)

Platonis opera quae extant Omnia，Henri Stephanus，Paris or Geneva，1578.

4. 英国泰勒编译的《柏拉图著作集》(伦敦，1804 年)

The Works of Plato，translated by Thomas Taylor，London：Printed By R. Wilks，Chancery-Lane，1804.

5. 英国卡里等编译的《柏拉图著作集》(伦敦，1848—1854 年)

The Works of Plato：A new and literal version，chiefly from the text of Stallbaum，By Henry Cary，London：Henry G. Bohn，York Street，Covent Garden，1848—1854.

6. 英国乔伊特编译的《柏拉图对话集》(牛津，1871 年)

The Dialogues of Plato，translated into Engilsh，with Analyses and Introductions by Jowett，in Four Volumes，Oxford：At the Clarendon Press，1871.

7. 英国伯奈特编译的《柏拉图著作集》(牛津，1899—1906 年)

Platonis Opera，translated by John Burnet，Oxford University Press，1899—1906.

8. 英国洛布希英对照版《柏拉图集》(剑桥，1914—1935 年)

Plato. With an English Translation by Harold North Fowler，Introduction by W. R. M. Lamb，Cambridge，Massachusetts & London：Harvard University Press，The Loeb Classical Library edition of Plato is in twelve volumes,1914—1935.

9. 美国汉密尔顿与凯恩斯主编的《柏拉图对话全集》（普林斯顿,1961 年）

The Collected Dialogues of Plato, edited by Edith *Hamilton* and Huntington Cairns, Princeton, New Jersey:Princeton University Press,1961.

10. 美国库珀等编译的《柏拉图全集》（印第安纳波利斯,1997 年）

Plato Complete Works, edited by John M. Cooper, Indianapolis and Cambridge:Hackett Publishing Company,1997.

11.《柏拉图全集》, 王晓朝 译, 人民出版社, 第 1 卷, 2002 年 1 月第一版；第 2 - 4 卷,2003 年 4 月第一版。

《巴门尼德》

（按照文献引用顺序排列）

1. Debra Nails, *The People of Plato——A Prosopography of Plato and Other Socratics*, Indianapolis, Cambridge:Hackett Publishing Company, Inc.,2002.

2. William Smith et al., eds.,*A Dictionary of Greek and Roman Antiquities*, Vol. I, London:John Murray, Albemarle Street,1890.

3. *Parmenides* in *Plato in Twelve Volumes*(Vol. 9), translated by Harold N. Fowler, Cambridge, MA:Harvard University Press; London:William Heinemann Ltd.,1925.

4. Francis M. *Cornford*, *Plato and Parmenides*, London： Routledge & Kegan Ltd.,1939.

5. W. K. C. Guthrie,*A History of Greek Philosophy*,Vol. 5, Cambridge：Cambridge University Press,1978.

6. R. E. Allen, *Plato's Parmenides*, New Haven and London：Yale University Press,1997.

7. Diogenes Laertius,*Lives of Eminent Philosophers*,trans. by R. D. Hicks,Cambridge：Harvard University Press,1925.

8. R. Larry Overstreet,"The Greek Concept of the 'Seven Stages of Life' and Its New Testament Significance",*Bulletin for Biblical Research*（19. 4）,2009.

9. 陈康 译注,《巴曼尼德斯篇》,商务印书馆,1982 年 8 月第一版。

10. William Smith, ed. ,*A Dictionary of Greek and Roman Geography*,London：Walton and Maberly,1854.

11. William Smith,ed. , *A Dictionary of Greek and Roman Biography and Mythology*,Vol. I,London：Walton and Maberly,1880.

12. 色诺芬,《希腊史》,徐松岩 译注,上海三联书店, 2013 年。

13. G. S. 基尔克,J. E. 拉文,M. 斯科菲尔德 著,《前苏格拉底哲学家 原文精选的批评史》,聂敏里 译,华东师范大学出版社,2014 年。

14. *Phaedrus* in *Plato in Twelve Volumes*（Vol. 9）,translated

by Harold N. Fowler, Cambridge, MA: Harvard University Press; London: William Heinemann Ltd., 1925.

15. *Proclus's Commentary on Plato's Parmenides*, translated by Glenn R. Morrow & John M. Dillon, Princeton, New Jersey: Princeton University Press, 1987.

16. *Timaeus* in *Plato in Twelve Volumes* (Vol. 9), translated by Harold N. Fowler, Cambridge, MA: Harvard University Press; London: William Heinemann Ltd., 1925.

17. 吴雅凌 编译,《俄耳甫斯教辑语》,华夏出版社, 2006 年。

18. Martin Revermann, ed., *The Cambridge Companion to Greek Comedy*, Cambridge University Press, 2014.

19. *The Complete Works of Aristophanes*, Delphi Classics, 2013.

20. *Phaedo* in *Plato in Twelve Volumes* (Vol. 1), translated by Harold N. Fowler, Cambridge, MA: Harvard University Press; London: William Heinemann Ltd., 1966.

21. 阿尔吉努斯,《柏拉图学说指南》,何祥迪 译,华东师范大学出版社,2016 年。

22. *Sophist* in *Plato in Twelve Volumes* (Vol. 12), translated by Harold N. Fowler, Cambridge, MA: Harvard University Press; London: William Heinemann Ltd., 1921.

23. *Statesman* in *Plato in Twelve Volumes* (Vol. 12), transla-

ted by Harold N. Fowler, Cambridge, MA：Harvard University Press；London：William Heinemann Ltd.,1921.

24. Julius Stenzel，*Plato's Method of Dialectic*，translated and edited by Allan D. J.,Oxford：Clarendon Press,1940.

25. Charles H. Kahn，*Plato and the Post-Socratic Dialogue*，Cambridge：Cambridge University Press,2013.

26. *Protagoras* in *Plato in Twelve Volumes*（Vol. 5 & 6），translated by Harold N. Fowler,Cambridge,MA：Harvard University Press；London：William Heinemann Ltd.,1967.

27. Kenneth Dorter，*Form and Good in Plato's Eleatic Dialogues*，Berkeley，Los Angeles，Oxford：University of California Press,1994.

28. George Grote，*Plato and the Other Companions of Sokrates*，Vol. III,London：John Murray，Albemarle Street,1888.

29. *Theaetetus* in *Plato in Twelve Volumes*（Vol. 12），translated by Harold N. Fowler, Cambridge, MA：Harvard University Press；London：William Heinemann Ltd.,1921.

30. *Plutarch's Lives*（III），edited by T. E. Page,E. Capps,W. H. D. Rouse,translated by Bernadotte Perrin,London：William Heinemann Ltd；New York：G. P. Putnam's Sons,1916.

31. 樊尚·阿祖莱,《伯里克利 伟人考验下的雅典民主》,方颂华 译,上海三联书店,2015 年。

32. 阿尔法拉比,《柏拉图的哲学》,程志敏 译,华东师范大学出版社,2006 年。

33．Arthur Farndell,*Evermore Shall Be So*：*Ficino on Plato's Parmenides*, London：Shepheard-Walwyn （Publishers） Ltd.,2008.

34．Robert Turnbull,*The Parmenides and the late philosophy of Plato*,University of Toronto Press,1998.

35．A. E. Taylor, *Plato*：*the Man and his Work*, London：Methuen & Co. Ltd.,1926.

36．施莱尔马赫,《论柏拉图对话》,黄瑞成 译,华夏出版社,2011 年。

37．Parmenides,*Fragments*,A Text and Translation with an Introduction by David Gallop,Toronto,Buffalo,London：University of Toronto Press,1984.

38.*Ancilla to the Pre-Socratic Philosophers*,A complete translation of the Fragments in Diels, *Fragmente der Vorsokratiker* by Kathleen Freeman,Cambridge,Massachusetts：Harvard University Press,1948.

39．普洛克罗,《柏拉图的神学》,石敏敏 译,中国社会科学出版社,2007 年。

40.海德格尔,《巴门尼德》,朱清华 译,商务印书馆,2018 年。

41．Felix Jacoby,*Die Fragmente der griechischen Historiker*,C,Leiden：E. J. Brill,1969.

42. *Republic* in *Plato in Twelve Volumes*（Vol. 9）, translated by Paul Shorey, Cambridge, MA：Harvard University Press；London：William Heinemann Ltd.,1969.

43. Aristotle, *Metaphysics*, in Aristotle in 23 Volumes（Vols. 17 & 18）, translated by Hugh Tredennick, Cambridge, MA：Harvard University Press；London：William Heinemann Ltd., 1933,1989.

《普罗泰戈拉》

（按照文献引用顺序排列,上篇已引用者从略）

1. Alcibiades I *in Twelve Volumes*（Vol. 8）, translated by W. R. M. Lamb, Cambridge, MA：Harvard University Press；London：William Heinemann Ltd.,1955.

2. 利奇德,《古希腊风化史》,杜昌忠 薛常明 译,海豚出版社,2012 年。

3. 朗佩特,《哲学如何成为苏格拉底式的》,戴晓光 彭磊译,华夏出版社,2015 年。

4. Athenaeus, *The Deipnosophists Or Banquet of the Learned*, by C. D. Yonge, Vol. I, London：R. Clay Printer,1854.

5. Homer, *The Iliad* in two volumes with an English Translation by A. T. Murray, Cambridge, MA. ：Harvard University Press；London：William Heinemann, Ltd.,1924.

6. Homer, *The Odyssey* in two volumes with an English Trans-

lation by A. T. Murray, Cambridge, MA.：Harvard University Press；London：William Heinemann,Ltd.,1919.

7. *Symposium* in *Plato in Twelve Volumes*(Vol. 9)，translated by Harold N. Fowler,Cambridge,MA：Harvard University Press；London：William Heinemann Ltd.,1925.

8. Thucydides, *The Peloponnesian War*, London：J. M. Dent,New York：E. P. Dutton,1910.

Douglas L. Cairns,*Aidos*：*The Psychology and Ethics of Honour and Shame in Ancient Greek Literature*,Oxford：Clarendon Press,1993.

9. *Plato's Protagoras With The Commentary Of Hermann Sauppe*,trans. by James A. Towle,Ginn & Company,1889.

10.《普罗塔戈拉与逻各斯——希腊哲学与修辞研究》，爱德华·夏帕 著,卓新贤 译,吉林出版集团有限责任公司,2014 年。

11. Hesiod,*Works and Days*,Translated by Hugh G. Evelyn-White,Cambridge,MA.：Harvard University Press；London：William Heinemann Ltd.,1914.

12. *Laws* in *Plato in Twelve Volumes*（Vols. 10 & 11），translated by R. G. Bury,Cambridge,MA：Harvard University Press；London：William Heinemann Ltd.,1967 & 1968.

13. 施特劳斯疏,《普罗塔戈拉》,刘小枫译,华夏出版社,2019 年。

14. Hutchinson, Gregory O., *Greek Lyric Poetry: A Commentary on Selected Larger Pieces: Alcman, Stesichorus, Sappho, Alcaeus, Ibycus, Anacreon, Simonides, Bacchylides, Pindar, Sophocles, Euripides*, Oxford University Press, 2001.

15. 冈萨雷斯，《谁来教育老师：〈普罗泰戈拉〉发微》，蒋鹏 译，华夏出版社，2015 年。

16. Larry Goldberg, *A Commentary on Plato's Protagoras*, New York: Peter Lang Publishing Inc., 1983.

17. Herodotus, *The Histories*, translated by A. D. Godley, Cambridge: Harvard University Press, 1920.

序　志

（按照文献引用顺序排列，前文已引用者从略）

1. Aeschylus, *The Persians*, translated by Herbert Weir Smyth, Herbert Weir Smyth, Cambridge, MA.: Harvard University Press, 1926.

2. 张源，"自由帝国逻各斯的诞生——希波战争与希罗多德的雅典帝国叙事"，《政治思想史》，2018 年第 1 期。

3. 张源，"帝国逻各斯的解构：伯罗奔尼撒战争与修昔底德关于雅典帝国的反叙事"，《复旦政治学评论》第 20 辑，2018 年 12 月。

4. 尼采，《悲剧的诞生》，孙周兴 译，商务印书馆，2013 年。

5. 刘小枫 陈少明 主编,《柏拉图的真伪》,华夏出版社,2007 年。

6. 霍兰德,"苏格拉底和阿尔喀比亚德:爱欲、虔敬与政治",载《阿尔喀比亚德》,梁中和 译疏,华夏出版社,2009 年。

7. 张源,"柏拉图对话里的时间",《国外文学》,2019 年8 月,第 3 期。

8. Walter Schmid, *On Manly Courage: A Study of Plato's Laches*, Southern Illinois University Press, 1992.

9. Laurence Lampert, Christopher Planeaux, "Who's Who in Plato's *Timaeus-Critias* and Why", *The Review of Metaphysics*, Sept. 1998.

10. 施特劳斯,《论柏拉图的〈会饮〉》,邱立波 译,华夏出版社,2012 年。

11. 维斯,《洞穴中的德性——柏拉图〈美诺〉中的道德探究》,郭振华 译,华东师范大学出版社,2014 年。

12. 拉刻斯,"《法义》之城在何种意义上为次好?",载《柏拉图的次好政制——柏拉图〈法义〉发微》,刘宇 方旭 等译,华东师范大学出版社,2013 年。

13. Aristotle, *Politics*, in *Aristotle in 23 Volumes*（Vol. 21）, translated by H. Rackham, Cambridge, MA: Harvard University Press; London: William Heinemann Ltd., 1944.

后　　记

　　柏拉图笔下的人物擅讲"离题话"（digressions），眼前这本小书亦是一部"离题"（digressive）之作。自 2010 年起，笔者对共和主义（Republicanism）、凯撒主义（Caesarism）以及与之密切相关的反暴君（*contra tyrannos*）、诛戮暴君（tyranni-cide）等主题产生了极大的兴趣，完成了《"革命者"洛克的双重面相》《莎士比亚的〈凯撒〉与共和主义》《连续与断裂：法国大革命是一场怎样的革命?》等系列文章，本待就古典共和传统做一回溯之后，即可全力完成已经开动的写作计划《共和三变》（2013 年）。孰料一旦返回古典世界，笔者便沉迷其中、乐不思归，转而开始关注"自由帝国逻各斯的诞生"与"柏拉图对话里的时间"诸问题，就此偏离了原来的写作进程，"在风暴的驱赶下偏离航线，迷失在浩瀚的大海"（《奥德赛》III. 320 - 321）。

　　古典学问其深似海,已经偏离航线的中年人,唯有再次像年轻时那样,朝着心之所爱奋力泅渡——滔天巨浪之中隐隐传来悦耳歌声,柏拉图宛在大海中央,向我微笑招手。我看到,柏拉图对话里有一座漫漫迷城:四大政治豪门,五大哲学流派,哲学与政治结盟,权力与财富联姻。一边是地阜人丰、时彦云集,一边是穷兵黩武、人心思变;这边厢高朋满座、谈笑风生,那边厢狱中论道、生离死别。煌煌帝国一朝倾覆,方生方死;旷世大哲从容仰药,用死亡迎接永生。全部柏拉图对话构成了一部雅典帝国兴亡大剧:只见人来人往,时空横流,一切兴衰荣辱,如露如电、如梦幻泡影,而哲学在帝国覆亡之际方死方生,当人们阅尽世间沉浮,蓦然回望,希腊现实政治的废墟之上,柏拉图用逻各斯建造的城邦巍然耸立,是为千秋万世永不消逝的模型。

　　《柏拉图世界的开端》想要打开这番奇幻景象的入口,却无法传达瀚海漂流所见者于万一,只能作为一个潦草的路标,以备日后旅人寻津之用。这册不成体统的小书主要由三篇长文组成:

　　1. 本书序志"柏拉图重写雅典帝国衰亡史",底稿完成于 2018 年 9 月,全文(2.6 万字)收录于《经史与义理——第六届全国古典学年会论文集》(岳麓书院,2018 年 10 月),后经笔者摘选部分文字加以扩写,以"柏拉图对话里的时间"为题发表于《国外文学》(2019 年 8 月第 3 期),本书收录内容为底稿精简本(1.9 万字)。

感谢人大文学院彭磊副教授,2018 年 11 月笔者应邀参与"经典与解释系列讲座",得以与在场师友畅谈"柏拉图重写雅典帝国衰亡史"这一心爱的话题;谢谢中大博雅学院黄俊松老师,2018 年 12 月笔者如约到访"中山大学人文高等研究院学术沙龙",有幸与在座同仁再次畅谈这一题目;多谢北大中文系张辉教授,同期发出"比较文学与世界文学学术讲座系列"邀请,笔者得以与到场专家再三谈论目前最关注的题目,并向母校师生汇报最新进展与治学心得。

2.《普罗泰戈拉》篇绎读,文稿完成于 2019 年 9 月,笔者以半篇文稿(2.2 万字)提交《古典与现代——第七届全国古典学年会论文集》(清华大学新雅书院,2019 年 11 月),此后全文(5.4 万字)发表于《当代比较文学》("德性教育与哲学启蒙:讲给常人的故事——柏拉图《普罗泰戈拉》篇绎读",2020 年 11 月第 6 辑)。本书原文照录,谢谢《当代比较文学》惠允刊出。

感谢浙大外语学院朱振宇副教授,2019 年 5 月笔者应邀参与"浙江大学外国文学研究所讲座",得以与学友同好愉快交流《普罗泰戈拉》篇研读体会。谢谢清华人文学院曹莉教授,对笔者提交清华大学古典学年会的文稿颇为欣赏,由此发出专题讲座邀请,此后由于疫情原因,讲座一再延期,直至"普罗泰戈拉"退场,改由(智者克星)"巴门尼德"登台,讲座终于成行,想来甚是有趣。感谢《当代比较文学》主编、北京语言大学人文学院陈戎女教授,对笔者提交大会的半篇文稿亦颇赞赏,邀发全文五万余字,作为特稿头条一举刊出,如此魄力、确不多见。

3.《巴门尼德》篇绎读,初稿(1.2 万字)完成于 2019 年 2 月,以"'一'的降临与帝国的命运——柏拉图《巴门尼德》篇绎读"为题,发表于《跨文化对话》(2019 年 12 月第 41 辑)。庚子年大疫期间,笔者对该篇有了新的认识,于是在初稿基础上加以扩写,2020 年 10 月完成《巴门尼德》绎读二稿(4.2 万字),全文发表于《国际比较文学》("《巴门尼德》:关于'一'的'神圣喜剧'",2021 年 5 月第 2 期)。本书选录二稿版本,诚谢以上刊物惠允发行。

感谢人大哲学院吴功青副教授,2019 年 4 月笔者应邀在"人大 AITIA 古希腊哲学论坛"交流"《巴门尼德》的读法",旧雨新知惠然肯来,令我受益实多! 多谢清华曹莉教授美意,2020 年 11 月笔者携《巴门尼德》绎读新篇到访"清华大学欧美文学论坛",时隔年余再度畅谈这一名篇,自觉酣畅淋漓、心满意足。感谢《国际比较文学》主编、复旦大学中文系刘耘华教授,邀发《巴门尼德》新稿全文四万余字一举刊出,此行圆满,无以复加。瀚海之上,我并非一人孤身漂流——新局开创之初,一再得到师友们的欣赏扶持,幸甚至哉,由衷感怀!

2018—2020 年,笔者以柏拉图《理想国》《普罗泰戈拉》《巴门尼德》诸篇戏剧对话为基干内容,在北师大文学院接连开设了三轮研究生学位课程"西方文学研究专题",本书前言"柏拉图对话四十二章经"与引言"柏拉图的世界"原系课程导言,本书正文部分则是经过几轮试炼与打磨的课用底本。感谢历届修课诸生的热情,这门延续三年的课程产生了一项宝贵的副产品:师生携手制作了《柏拉图戏剧对话背景手册》(20万字,将由商务印书馆出版),这是我们师弟情谊的纪念,也是为后继者开辟道路的印记。在此特别要感谢我的新老学生群体,是你们的热情与热爱不断鼓舞着我,你们一路上的陪伴与支持,让我看见未来、看到希望——愿弦歌不断,代有回声!

我的兄长与老师、北大中文系张沛教授始终是我的第一读者与对话者,若非他无时不刻充满爱与智慧的倾听与对话,我至今恐难参悟柏拉图"对话"的真谛。昔日的小友、现在的老友,中山大学国际翻译学院聂渡洛博士,每当我遇到不解的疑难,总是耐心细致地为我解惑答疑,令人感动不已。在奔向柏拉图的途中,笔者不断结识志同道合的好友,我们相约一起培养学生、发行丛书、组织论坛……时疫凶猛,幸有你们无惧无畏、刚健有为,如今这些心愿正在一一达成。来自学术共同体的友爱弥足珍贵,你们的忧与乐、关切与热忱、信念与理想,一点一滴都在我心。

笔者自青年时代大爱柏拉图,唯独对《巴门尼德》篇望而却步;人到中年明白了柏拉图的诸多奥妙,《巴门尼德》篇却依然高山巍峨、难以攀援。直至庚子年大疫期间,独自退守斗室,反复思忖该篇繁复的逻辑推演到底意义何在,就在长久无果的苦思之下,忽然见出了其中极致的理性、最强烈的戏剧性和最具崇高感的神性,各种巅峰感受纷至沓来,产生了诸"多"和合为"一"的强烈通感,刹那间似乎窥见了奥义深藏的"柏拉图的神学",不禁为之俯仰吟啸、为之喜极而泣! 此时《柏拉图世界的开端》书稿已整饬齐备,只待交付出版,笔者决然撤下原稿,重新躬身劳作,不觉光阴倏忽而逝,初夏已成深秋。感谢华师大出版社六点分社施美均与王旭两位编辑同仁,是他们的宽容与欣赏使作者得以率性而为、追求完美。在审稿过程中,笔者还收到了实习编辑陈元瑷女士长达千余字、极具才情的审校"感言":

就书稿目前呈现的部分而言,它给人的直观感受,或者说,它使人首先识别出的,乃是作者的中文修养及其在古希腊历史方面的用功;本书的副标题作为对书名意义的揭示则透露出作者将42篇(含伪作)柏拉图对话把握为一个有序的思想织体的眼光和心志。

作者在绎读过程中善用成语、偶用文言,令人产生一种中西古贤相遇的初刻惊奇,甚至提供了重新学习中文的契机,而"深文周纳""言人人殊"这样的词也确实不该被遗忘。不过,可以预料的是,一些读者未必买账,而这一风格很可能勾起人们对林纾或吴寿彭先生的怀念。

在形式上,这两篇绎读正式开始之前都各有一个提要,接着是对对话结构的划分及主要人物列举,此后作者又会对作品的时间设置和历史背景做更详尽的介绍。这是为阐明柏拉图意图而做的必要准备，因此不仅是一种外部的知识性的补充。

正文采取的方式是分段疏解，限于篇幅，作者并没有就原文给出翻译，而是代之以情节概述。为了区分，正文采用了不同的字体：情节概述（有时似乎是夹叙夹议）是宋体（但作者在概括性地引述普罗塔戈拉和苏格拉底的长篇大论时使用了仿宋），疏解和疏解之中的按语则是楷体。虽然字体变换频繁，但这样的安排使得全文十分紧凑，也避免了与脚注的混同。

......

《巴门尼德》与《普罗泰戈拉》作为柏拉图对话中位列最前的两部，开启了柏拉图对经历了希波战争和两次伯罗奔尼撒战争的雅典之兴衰的反思。......在现实政治的刺激之下，加之对自己的老师苏格拉底的热爱和承他而来的"美德即知识"的信仰，试图以哲学引导心智、改善灵魂、匡正帝国统治秩序和共同体生活是柏拉图一以贯之的努力，也是他开办学园的目的，他还曾应狄翁之邀将自己的理念付诸实践，但最终失败而返。当然，作者使用"靡不有初"这个意蕴丰厚的经史之词作为全书的标题，其用意或许还在于讽刺和叹息一度光荣的雅典究竟未得善终。

能够从出色的青年（审）读者那里得到如此知己的回应，这一相遇本身十足令人惊喜！感谢六点，为作者提供了快意著述的难得机缘，我亦将自己最心爱的小书交来了。

与柏拉图为伴的时刻,是一天中最幸福的时光。"傍晚时分,我回到家中的书桌旁,……我又回到古老的【雅典广场】,遇见过去见过的人们,他们热情地欢迎我,……我和他们交谈,询问他们每次行动的理由,他们宽厚地回答我。"柏拉图也亲身降临于我,在这几个钟头里,"我和所有这些大人物在一起,没有感到疲倦,忘掉所有的烦恼,【困顿】没有使我沮丧,死亡也没能使我恐惧。与头一遭出海的年轻人相比,已经冲上险滩,却一再回身投入大海的中年人,或许更懂得什么是真正的爱欲——有时我亦不禁自问:这一路上的率性漂泊,到底是"偏离"(digress)了正途,还是走上了真正的"回家"(nostos)之旅?

张　源

2021 年 2 月 8 日凌晨

庚子年腊月二十七

于京城·海淀

图书在版编目（CIP）数据

靡不有初:柏拉图世界的开端/张源著. --上海：
华东师范大学出版社，2022

ISBN 978-7-5760-2403-6

Ⅰ.①靡… Ⅱ.①张… Ⅲ.①柏拉图（Platon 前
427－前347）—语录 Ⅳ.①B502.232

中国版本图书馆 CIP 数据核字（2022）第 015071 号

华东师范大学出版社六点分社

企划人 倪为国

六点评论

靡不有初:柏拉图世界的开端

著　　者　张　源
责任编辑　王　旭
责任校对　徐海晴
特约编辑　施美均
特约审读　陈元瑗
封面设计　卢晓红

出版发行　华东师范大学出版社
社　　址　上海市中山北路 3663 号　邮编　200062
网　　址　www.ecnupress.com.cn
电　　话　021－60821666　行政传真　021－62572105
客服电话　021－62865537　门市（邮购）电话　021－62869887
地　　址　上海市中山北路 3663 号华东师范大学校内先锋路口
网　　店　http://hdsdcbs.tmall.com

印 刷 者　上海盛隆印务有限公司
开　　本　890×1240　1/32
插　　页　1
印　　张　8.75
字　　数　133 千字
版　　次　2022 年 1 月第 1 版
印　　次　2022 年 1 月第 1 次
书　　号　ISBN 978-7-5760-2403-6
定　　价　58.00 元

出 版 人　王　焰

七次(下文从略)。

苏格拉底继续说:我们会问他们,你们在什么意义上称这些事物为"坏的"？是因为它们带来的快乐,还是因为它们带来的疾病或贫困等后果？自然是由于其带来的不良后果。带来疾病和贫困就产生了痛苦,进而剥夺了其他快乐,这才是你们称其为"坏"的唯一原因。从另一方面来看,好的事物也可以是痛苦的,比如健身、医疗等等,我们称其为"好的",不就是因为它们带来的后果是令人快乐的,并能消除痛苦？你们把快乐当作好的事物进行追求,而把痛苦视为坏的事物加以避免,从而认定痛苦即坏,快乐即好:如果享乐本身剥夺了更大的快乐,或者带来了比目前的快乐更大的痛苦,你们就称之为坏的,反之受苦也是同样道理,只要能阻止更大的痛苦,或者带来了比目前的痛苦更大的快乐,你们就称之为好的。世人啊,如果你们问我:为何翻来覆去说这么多？我会回答说:因为我所有的论证都基于这一点(353c - 354e)。

[注14]我们发现,第四场的论说风格与前三场有着明显的不同:第一场以神话为中心,普罗泰戈拉制作了气势恢弘的大演说(320c - 328d),第二场以哲学(辩证法)为中心,苏格拉底发起了简短有力的对话(329b - 333d),第三场以诗歌为中心,苏格拉底在戏仿普罗泰戈拉大演说的同时,将自身与对方的言说方式融为一体,制作了妙不可言的对话式大演说(342a - 347a);这三场智识交锋精彩迭出,普罗泰戈拉